다잘잘
DAZALZAL

사람의, 사람에 의한, 사람을 위한 커뮤니티를 운영하라.

그리고 다 함께 잘 먹고 잘살아갈 수 있는 시스템을 만들어라.

그러면 분명 본질에 입각한 지속가능성을 지닌 커뮤니티 운영이

가능해질 것이다.

'커뮤니티 is 휴먼'. 그 자체이다.

다잘잘 DAZALZAL
ⓒ신해리, 2023

초판 1쇄 인쇄 2023년 5월 17일
초판 1쇄 발행 2023년 5월 25일

지은이　　　　신해리
펴낸곳　　　　재노북스
펴낸이　　　　이시은
책임편집　　　김진선
책임디자인　　서민경

ISBN　　　　979-11-983083-0-6(03320)
정가　　　　　18,000원

출판등록　　　2022년 4월 6일 (제2022-000006호)

서울시 금천구 가산디지털1로 205-27, 에이원 704호
팩스　｜ 050-4250-4547
카톡문의 ｜ 재노북스
이메일 ｜ zenobooks@naver.com
블로그 ｜ https://blog.naver.com/zenobooks
원고접수 ｜ 이메일 혹은 재노북스 카카오톡채널

당신의 경험이 재능이 되는 곳
당신의 노력이 노하우가 되는 곳
책으로 당신의 성장을 돕습니다.

작가님의 참신한 아이디어나 원고를 기다립니다.
접수한 원고는 검토 후 연락드리겠습니다.

웹 3.0 커뮤니티 DAO 운영 바이블

다잘잘
DAZALZAL

지속가능한 커뮤니티 운영의 핵심 노하우

신해리 지음

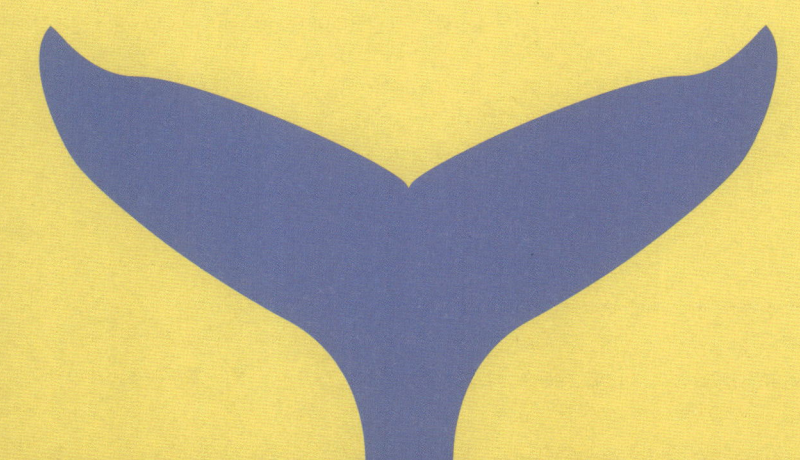

추천사

커뮤니티, 크리에이터, 리더와 같은 키워드에 관심을 갖고 있는 분들이라면 반드시 이 책을 읽으시라고 추천드리고 싶다. 책 속에서 저자가 제안하는 노하우를 정독하고 실천할 수 있는 용기만 있다면, 그 누구라도 저자와 같은 멋진 리더가 될 수 있을 것이다.

이승재 | 틱톡 코리아 vertical top creator management, member of 오이G

그 누구보다도 커뮤니티를 '사람' 중심으로 이끌고 있는 저자의 경험이 완벽하게 녹아 있는 책이다. 비단 Web3 커뮤니티 운영의 노하우뿐만 아니라 사람이 모이는 모든 곳에서 적용할 수 있는 많은 지혜가 담겨 있다. 비지니스 모델로서의 커뮤니티가 아닌, 커뮤니티를 마음으로 움직이고 싶다면 이 책을 당신에게 꼭 추천하고 싶다.

조신형 | 팬덤코리아 Business Develpment 본부장

커뮤니티 운영에 대한 방향 설정부터 스태핑, 운영스킬, 문제해결 팁까지 나무와 숲을 모두 볼 수 있게 해주는 책이다. 신해리 대표의 Web3 및 커뮤니티에 대한 깊은 이해와 현장에서의 생생한 경험을 통해 얻은 노하우를 기반으로 집필된 책이다. 활기차고 지속가능한 커뮤니티를 운영하기 위한 비법을 제시하고 있다. 커뮤니티를 기획하고 운영하는 여정 중 항상 곁에 두고 참고해야 할 가이드북이 필요하신 분께 추천한다.

김태근 | 카카오 GroundX 사업총괄

커뮤니티가 가진 힘을 아는 기업과 단체들은 지지자들로 구성된 강력한 커뮤니티를 갖고 싶어하지만, 단언컨데 커뮤니티를 활성화하고 운영하는 것은 결코 쉽지 않은 일이다. 이 책의 저자는 웨일리 NFT 프로젝트부터 해리스쿨로 연결되는 숏폼 크리에이터 커뮤니티인 해리컴티를 직접 구축한 놀라운 리더이다. 커뮤니티의 특징을 이해하고, 지속가능한 커뮤니티를 구축하고자 하는 분들에게 저자의 경험과 노하우가 가득 담긴 이 책은 큰 미래 자산이 될 것임을 확신한다.

권오철 | 멋쟁이사자처럼 교육총괄이사

웹3.0 시대 커뮤니티의 파워를 느낄 수 있는 책이다. 해리컴티가 탄생하기까지의 스토리가 매력적이다. 웨일리 NFT 프로젝트, 해리스쿨, 해리컴티로 연결되는 과정에서 저자가 경험한 노하우가 생생하게 녹아 있다. 지속가능한 커뮤니티를 기획하고 운영하는 방법에 대해 관심있는 독자라면 이 책을 꼭 읽어보길 바란다.

윤서아 | 재노스쿨 대표

목차

추천사	4
서문	12
Prologue	19

PART 1   커뮤니티 운영의 기본

CHAPTER 1 커뮤니티의 개념과 기본적인 특징부터 알고 운영하자

커뮤니티란 대체 무엇일까?	22
커뮤니티의 기본적인 특징	23
웹3.0 커뮤니티와 DAO (Decentralized Autonomous Organization)	24

CHAPTER 2 지속가능한 커뮤니티 운영의 기본 원칙

소통 능력은 기본 중의 기본 (Communication ability)	41
진정성(Authenticity)이 신뢰를 가져온다	46
유리알처럼 맑은 투명성(Transparency)	49
방향성(Directionality)에 따라 어떤 멤버들이 모일지가 결정된다	52
결국 상호작용성(Interactivity) 때문에 커뮤니티 활동을 지속하게 된다	54

CHAPTER 3 커뮤니티 운영자

운영자(Community Operator) : 리더가 되는 길 ... 62

리더의 커뮤니티 운영 마인드 ... 64

나는 시스템 메이커다 ... 68

PART 2 커뮤니티 구성원

CHAPTER 1 구성원들의 역할과 책임 분담

커뮤니티 운영자, 리더 (Community Operator, Leader) ... 71

커뮤니티 매니저 (Community Manager) ... 73

모더레이터(Moderator) ... 80

일반 구성원(General Member) ... 87

CHAPTER 2 구성원들의 다양한 요구와 니즈에 대한 대처 노하우

끊임없는 소통과 질문: AMA(Ask Me Anything) ... 96

피드백 컬렉터(Feedback Collector)가 되어라. ... 99

니즈(Needs) 파악에서 그치지 마라, 중요한 것은 행동이다! ... 102

가끔은 단호박이 되어라 ... 104

PART 3 커뮤니티 활동기획과 운영

CHAPTER 1 효과적인 커뮤니티 활동 기획하는 방법

커뮤니티 멤버들의 흥미와 욕구를 파악하라 … 112

목적에 맞는 활동을 기획하라 … 117

이벤트 기획 및 보상시스템은 필수다 … 118

CHAPTER 2 커뮤니티 활동 분야와 그에 따른 운영 전략

커뮤니티 콘셉트에 맞는 메인 활동 분야를 설정하라 … 123

커뮤니티 영향력은 혼자가 아닌 '같이'의 가치다 … 125

온라인에서 오프라인까지 … 126

CHAPTER 3 커뮤니티 운영을 위한 시스템과 도구 추천

카카오톡 오픈채팅방 … 134

디스코드 … 142

화상회의(채팅) 서비스 … 146

PART 4 지속가능한 커뮤니티 운영을 위한 성공전략

CHAPTER 1 커뮤니티 성장과 발전을 위한 전략 수립과 실행 방법

리더는 커뮤니티의 목표와 비전을 설정해야 한다 — 150

전략 실행을 위한 프로젝트 관리 노하우 — 156

무엇보다 중요한 것은 커뮤니티 구성원들의 피드백이다 — 167

커뮤니티를 브랜드화 시켜라 — 168

CHAPTER 2 지속가능한 커뮤니티 운영을 위한 핵심 요소

커뮤니티는 리더와 구성원 간의 신뢰성에서 시작된다 — 175

커뮤니티 운영과정을 얼마나 투명하게 공개해야 할까? — 177

커뮤니티만의 특별한 문화를 형성하라 — 179

커뮤니티 성장 기여도에 따른 보상시스템은 필수다 — 186

처음부터 끝까지 커뮤니티 구성원을 위한 운영을 해라 — 190

CHAPTER 3 커뮤니티 운영할 때 나타나는 문제해결 방법

커뮤니티 참여를 적극적으로 유도하는 방법 — 196

커뮤니티 구성원의 FOMO(포모)에 관한 대응 방법 — 202

리더가 대체 불가능한 자산이 되어라 — 206

사람의, 사람에 의한, 사람을 위한 커뮤니티를 운영하라 — 212

Epilogue — 223

서문

"1년을 10년처럼 최선을 다해 100% 진심으로 커뮤니티를 운영하면서 쌓아 올린 실전 노하우들을 솔직하게 담았다. 부디 이 책이 미래의 'DAO빌더 & 찐팬 커뮤니티'의 리더들이 나아갈 방향성 위에 좋은 길잡이며 지침서가 되기를 바란다."

2022년 2월, '선한 나눔'을 하고자 하는 마음으로 시작했던 작은 오픈채팅방이 만 1년 만에 믿기 어려울 정도의 엄청난 나비효과를 만들어내며, 꽤 영향력이 있는 '웹3.0 크리에이터 커뮤니티'로 급성장했다. '크립토(Crypto)' 시장이 가장 추웠던, 소위 말하는 윈터 시즌의 정점을 찍은 2022년 12월 마지막 주. 직접 운영하는 커뮤니티 '해리컴티(HAERI COMTI)'에 엄청난 일이 일어났다. 1,000개의 NFT PFP 프로젝트가 '1분 완판' 신화를 기록한 것이다. 심지어 이 프로젝트는 3060세대 대중을 대상으로 진행했고, 그중 최고령자 멤버는 그때 당시 77세였다. 정말 'NFT(Non-Fungible Token)'가 뭔지, '웹3.0'이 뭔지도 모르는, 이에 대한 지식이 하나도 없었던 그들을 데리고 내가 대체 무슨 일을 저지른 건가 싶었다. 해리컴티는 현재 '틱톡(TikTok)'이라는 '숏폼(Shorform)' 플랫폼에서 해시태그 누적 조회수 1억 2000만(120,000,000) 조회수 이상을 내고 있는 X세대 크리에이터들의 커뮤니티이다.

여기서 필자 소개를 먼저 하자면 2021년부터 '숏폼 콘텐츠크리에이터'를 양성하는 교육을 진행해왔고, SNS상에서 '숏폼 강의'라는 교육 분야 선점에도 성공한 케이스이다. 숏폼 플랫폼에 크리에이터로서 입문을 도와주는 교육을 제공했다. 나는 강의하는 동안에도 직접 크리에이터 활동을 하면서 몸소 깨달은 다양한 노하우들을 아낌없이 전달하려 노력했다. 교육을 위해 수강생 모집은 온라인 SNS상에서 시작했고, 이렇게 작게 시작한 강의는 채 1년도 안 돼 빠르게 3060세대 사이에서 입소문을 타고 확장하기 시작했다.

2021년 가을 무렵, 나는 우연히 알게 된 '웹3.0'이라는 시장에 대해 호기심이 급격하게 높아졌고 이 시장에 대해 작정하고 공부해봐야겠다고 생각한 그날 이후부터 대한민국에서 열리는 다양한 웹3.0 관련 콘퍼런스와 행사부터 시작해, 온갖 NFT 전시회까지 무지하게 쫓아다녔다. 정말 매일 단 하루도 공부를 게을리하지 않았던 기억이 난다. 결국 2022년 5월, '웹3.0 한방에 이해하기'라는 콘셉트로 '멀티버스(Multi-Verse)'라는 타이틀을 지닌 나만의 '웹3.0 특별강의'를 런칭 했다.

이 강의를 개설하게 된 계기는 직접 웹3.0을 공부해보니 이 시장에 첫발을 내딛기에는 너무나 어려운 용어와 개념들이 장벽을 치고 있었다. '진입장벽을 뛰어넘으려면 무조건 공부하지 않으면 안 되겠다'라고 판단했다. 그리고 나는 해리컴티에 있는 모든 크리에이터를 웹3.0으로 대거 이동시켜야겠다고 결심했다. 그때부터 엄청난 도전의 나날이 수없이 연속됐던 것 같다. 웹3.0에 대해서 아무것도 모르는 수백 명을 데리고 새로운 시장으로 뛰어들려고 하니 정말 만만치 않았다.

웹3.0은 '블록체인(Blockchain)'이라는 기술을 기반으로 이뤄지는 '탈중앙화' 시장이다. 지금까지의 웹2.0 시장은 모든 자본과 데이터들이 한곳으로 쏠려 있던 '중앙집권화' 체제였다. 대표적인 비즈니스 모델이 바로 '플랫폼사업'이다.

그런데 블록체인이 이 중앙집권화 체제로 돌아가는 거래방식을 'P2P(Peer to Peer) 거래방식' 즉, '개인 간 거래방식'의 새로운 시장을 열어버린 것이다. 사실 개인 간 거래는 웹2.0에서도 존재했다. 당근마켓, 중고 나라, 피터 팬 등 물건을 올리는 사람과 물건을 사려는 사람이 직접 거래하는 방식이 이에 해당한다.

하지만 블록체인 위에 올라가는 개인 간 거래는 직거래개념 외에 특별한 가치를 지닌다. 직거래할 때 가장 걱정되는 부분이 결국 '신뢰도' 문제 아닌가? 누군가가 보증을 서주지 않으면 둘 관계의 거래를 어떻게 기록으로 남기느냐가 관건이다. 그래서 플랫폼이 대신 보증해주고, 보상해주는 서비스들을 선보이는 것이 아닐까 싶다. 나는 이러한 문제를 블록체인이 해결해 줄 수 있다고 생각한다. 디지털자산을 블록체인 위에 등록하는 순간, 대체 불가능한 자산 'NFT'로 토큰화가 되는데, 이로 인한 창작물의 원본을 증명할 수가 있게 되고, 거래를 통한 소비자가 곧 소유권을 지니게 된다.

또한 모든 거래의 기록들은 투명하게 모든 '노드(node)'에 공유된다. 노드는 쉽게 말해 참여자라고 생각하면 된다. 즉, 누구나가 블록체인 위에서 일어나는 모든 거래를 투명하게 확인할 수 있다는 것이다. 블록체인 위에 기록하는 것은 삭제할 수 없는 영구성을 띠는 특징도 지니고 있다. 이러한 블록체인 디지털자산 시장 속에서 크리에이터들에게는 그들의 창작물이 판매될 때마다 수익화가 발생할 수 있다. 크리에이터의 영향력 또는 창작물의 가치가 올라감에 따라 판매수요는 늘어날 것이며, 거래가 일어날 때마다 '창작자 수수료(Creator Fee)'라는 새로운 방식의 수익화까지도 가능하다.

이러한 개념들이 머릿속에 완벽하게 자리 잡으면서 든 생각은 '웹3.0이 정말 크리에이터들에게는 기회의 땅이구나!'라는 생각을 저버릴 수가 없었다. 웹3.0 시장은 아직 극 초기 단계이고, 이 시장의 기회를 긍정적으로 바라보고 '허슬러(Hustler) 포지션'으로 뛰어든 사람들조차도 아직 상대적으로 극소수였다. 나는 이미 크리에이터 시장에 발을 들인 해리컴티 크리에이터들에게 이 시장을 너무나 보여주고 싶었다. 내가 바라보고 있는 비전과 새로운 시장 속의 기회를 알려주고 싶었다. 그리고 바로 '메타마스크(MetaMask)'가 뭔지도 모르는 분들을 모시고 크롬(Chrome) 브라우저 설치부터 차근차근 가르쳐주기 시작했다.

그렇게 웹3.0 스터디를 꾸려온 지 벌써 1년이 돼가고 있다. 작년 한 해 동안 해리컴티OG(Original Gangster) 원년 멤버들과 함께 참 열심히 공부했다. 들리지도, 이해도 되지 않는 외계어 같은 웹3.0 용어들을 계속해서 3060 크리에이터들에게 반복해서 설명했다. 그리고 웹3.0 스터디에 본격적으로 돌입한 지 5개월 차에 커뮤니티 멤버십 'NFT 민팅'에 도전했다. 커뮤니티 구성원 모두가 '완판 신화'를 써보자는 목표를 향해 다 같이 한 곳만 바라보고 달렸던 기억이 난다.

　내가 바라봤을 때 NFT 프로젝트의 성패는 결국 '완판'에서 갈렸다. 찐팬 멤버십, 커뮤니티 이 시장은 철저한 시장원리로 돌아갔다. 수요가 있을 때 공급이 끊기면 가격이 올라가는 아주 기본적인 시장 원리가 작동했다. 근 1년 동안 정말 많은 가설검증을 세우고 쉼 없이 시장 반응을 확인했다. 참고로 해리컴티는 유료 크리에이터 수업을 모두 수료한 크리에이터들만 들어오는 폐쇄형 커뮤니티이다. 폐쇄를 유지한 이유는 책 본론에서 이야기 나누도록 하겠다.

　결론부터 말하자면, 나는 결국 어디에서도 보기 힘든 엄청난 화력을 지닌 탈중앙화를 지향하는 '웹3.0 얼리어답터 크리에이터 커뮤니티'를 구축했다. 해리컴티는 현재 디스코드에 500명 이상이 들어와 있고, 그중에 약 200명 정도의 NFT 홀더들이 존재하는 커뮤니티이다. 커뮤니티 안에서 'AMA(Ask Me Anything)'를 한 번 진행할 때마다 최소 100명에서 최대 200명의 식구가 동시에 참여했다. 이렇게 화력 높고 단합력 강한 커뮤니티를 완성하기까지 필자의 노력과 노하우를 이 책에 담아보려 한다.

이 책에서 다루게 될 커뮤니티 내용은 진정한 찐팬 커뮤니티 빌딩을 목표로 하는 빌더들에게 추천한다. 진정한 DAO가 무엇인지에 대해서 고민하는 많은 웹3.0 현업종사자들에게도 우리 해리컴티 커뮤니티의 이야기는 매우 매력적으로 들릴 것이다.

나 또한 완벽한 커뮤니티를 만들었다기보단 아직도 진행 중이고, 성장 중이고, 경험하며 계속해서 깨닫는 중이다. 내가 결코 잘나서, 완벽해서 이 책을 쓰는 것은 아니다. 지금 웹3.0 시장에서는 그 누구도, 그 어떤 종목도 전문가란 존재하지 않는다고 생각한다. 모두가 진행 중이고, 모두가 도전 중이다. 나도 그 사람 중 한 명이며, 단지 커뮤니티 종목에서는 아직 이렇다 할 정도의 실체를 일궈낸 결과물을 본 적이 없어서, 필자가 먼저 용기를 내서 노하우를 공유해보고자 이 글을 쓰기로 한 것이다.

그리고 나의 이야기는 꽤 쓸모 있을 것이라고 확신한다.

2023. 05.

'해리 쌤' 신 해 리

Prologue

커뮤니티 운영의 중요성

커뮤니티를 운영한다는 것은 그 속에서 정말 다양한 가치를 형성하기 때문에 큰 의미가 있는 것 같다. 커뮤니티는 공동의 관심사나 목적을 위해서 많은 이들이 모여 소통하고 협력하는 공간이다. 그 안에서 다양한 인간관계가 형성되며, 동시에 개개인의 발전을 촉진하는 중요한 역할을 한다. 또한 커뮤니티 안에서는 다양한 정보와 지식을 공유하게 되며, 서로의 역량과 능력을 향상시키고 새로운 아이디어와 창의적인 활동을 유발할 수 있는 기반을 제공한다. 이를 통해 사회적 연대감과 소속감을 높이는 데도 기여할 수 있으며, 지속가능한 커뮤니티 운영은 이러한 기능들을 장기적으로 유지할 수 있는 중요한 요소가 된다.

지속가능한 커뮤니티 운영이 왜 필요할까?

'지속가능한 커뮤니티 운영'은 커뮤니티가 오랫동안 존속하며 발전하고 성장할 수 있는 가장 중요한 요소이다. 지속적인 관심과 노력을 기울여 커뮤니티를 운영하면 커뮤니티 구성원들의 만족도를 높일 수 있고, 신뢰와 상호 존중에 기반한 건강한 커뮤니티 문화를 형성할 수 있게 된다. 지속가능한 커뮤니티 운영은 커뮤니티가 가치를 창출하고 유지할 수 있는 경제적인 기반을 마련하고, 커뮤니티 구성원들의 믿음과 지지를 얻을 수 있는 중요한 역할을 한다. 그래서 커뮤니티 운영자에게는 지속가능성을 고려한 전략과 대응 방안을 마련해 커뮤니티를 지속적으로 발전시키고 유지해 나가는 노력을 필수로 요구한다.

이 책을 쓰게 된 이유

이 책을 쓰는 진짜 목적은 '지속가능한 찐 커뮤니티 운영'을 하기 위해서는 정말 많은 시간과 노력이 투자돼야만 한다는 인식을 높이기 위해서다. 한순간에 빌딩이 완성되는 종목이 아니라는 뜻이다. 커뮤니티 운영은 매우 복잡하고 다양한 요소들이 관여하는 분야라는 것을 꼭 인지해야 한다. 커뮤니티를 운영할 때 전문적인 이론과 지식을 반영하는 것도 중요하지만, 실전 운영 경험을 공유받았을 때 비로소 독자들은 자신의 커뮤니티에 적용할 수 있는 유용한 아이디어를 더 많이 창조해 낼 수 있을 것으로 생각한다. 이 책은 실전에서 직접 커뮤니티를 운영하면서 느끼고 몸소 깨달은 진짜 리얼 100% 노하우를 풀어놓았다.

Part 1

커뮤니티 운영의 기본

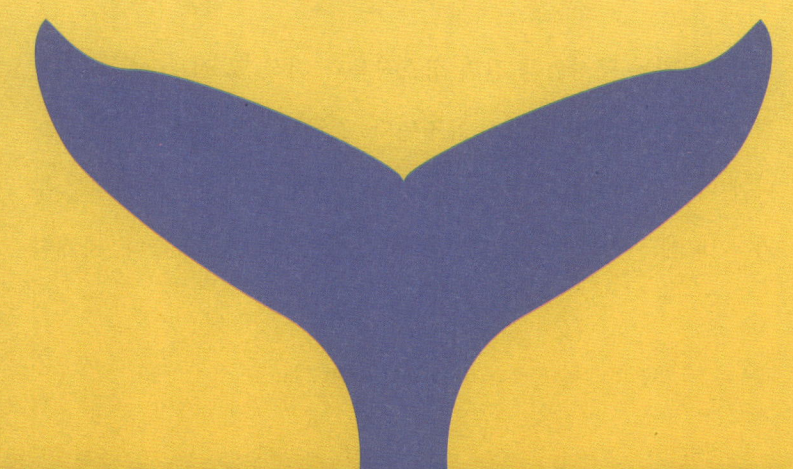

커뮤니티의 개념과
기본적인 특징부터 알고 운영하자

CHAPTER 1

커뮤니티란 대체 무엇일까?

'커뮤니티'의 정의에 관해서 이야기 나누다 보면 커뮤니티에 대한 정의를 저마다 본인이 직접 경험했던 활동 범위 안에서 각자 다르게 해석하곤 한다. 나는 커뮤니티란 '공통된 관심사나 목적 또는 가치관에 동의한 사람들의 집합체'라고 정의한다. 그 안의 구성원들이 모여서 상호작용하고 소통하는 공간의 의미도 담긴다고 본다. 이러한 공간은 온라인상이나 오프라인상에서 만들어질 수 있으며, 일반적으로 일정한 규칙이나 문화를 공유하며 함께 활동하는 멤버들의 집합체다.

커뮤니티는 구성원들 간의 상호작용과 지식 및 정보공유 그리고 감정적인 연결 등을 통해서 유지된다. 결국엔 어떤 리더가 운영하느냐에 따라서 커뮤니티 실력이 결정된다고 본다. 사실 커뮤니티는 누가, 어떻게, 무엇을 위해, 왜, 운영하느냐가 중요한 것 같다. 자세한 이야기는 커뮤니티 운영의 기본 원칙에서 다뤄 보겠다.

커뮤니티의 기본적인 특징

우선 커뮤니티를 이해하려면 커뮤니티를 구성하는 구성원들에 대한 이해가 먼저 필요하다. 이유는 커뮤니티를 이해하는 것은 곧 사람에 대한 이해이며, 커뮤니티의 구성원들은 상호 의존적인 관계라는 것을 잊어서는 안 되기 때문이다. 구성원들은 어떻게든 서로 영향을 주고받게 돼 있으며, 건강한 문화가 형성돼 있는 커뮤니티일수록 구성원들끼리 서로 협력하고 지원하는 관계를 구축하기가 수월해진다. 커뮤니티라는 곳에는 기본적으로 공통된 목적이나 관심사를 기반으로 모이게 되다 보니 자연스레 '공동의 목표'가 설정될 수밖에 없다. 그 목표의 설정부터는 커뮤니티 운영자, 리더의 영역으로 넘어간다.

하지만 그 목표설정 영역에는 늘 커뮤니티 구성원들의 '니즈'가 함께 존재해야 한다. 그러기 위해서는 가장 중요한 것이 '상호소통'이다. 더 나아가 구성원들끼리 정보, 경험, 지식 등을 서로 교환하고 토론하는 상호소통도 물론 중요하지만, 진정한 지속가능한 운영을 하기 위해서는 커뮤니티 구성원들과 커뮤니티 운영자 간의 활발한 소통도 지속돼야 한다.

웹3.0 커뮤니티와 'DAO(Decentralized Autonomous Organization)'

대부분 커뮤니티는 대부분 같은 관심사, 지역, 직업, 문화 등을 공유하는 사람들이 공동의 목표를 위해 모인 집합체이다. 또는 온라인 게임, 소셜 미디어 등의 다양한 플랫폼에서 형성되는 가상의 커뮤니티로 나뉘지기도 한다. 그중에서 대표적인 것이 바로 'SNS(소셜 네트워크 서비스)'인데 사람들이 온라인에서 소셜 네트워크를 형성하고 소통하는 서비스로부터 커뮤니티가 형성된다.

대표적인 플랫폼의 예로는 카페, 블로그, 페이스북, 인스타그램, 트위터 등이 있다. 해리컴티가 바로 소셜 네트워크 서비스 기반으로 모인 커뮤니티라고 할 수 있다. 이처럼 기존의 웹2.0 SNS 세상에서 빌딩 된 커뮤니티가 과연 어떻게 웹3.0으로 넘어갈 수 있었을까? 그건 바로 내가 웹2.0에서 커뮤니티를 운영하면서 끊임없이 웹3.0 커뮤니티의 형태인 'DAO'를 추구했기 때문이라고 생각한다.

하지만 해리컴티가 현재 DAO라고는 말할 수 없다. 완전한 웹3.0 커뮤니티라고도 말할 수 없다. 더 자세히는 웹2.0 커뮤니티와 웹3.0 커뮤니티 사이의 형태로 운영되고 있다고 보면 된다. 웹3.0 커뮤니티의 가장 큰 특징은 '분산화'와 '자율성'이라고 생각한다. 지금까지의 웹2.0 커뮤니티는 중앙 집중형 구조로 중개자나 중간 관리자가 존재했다. 하지만 웹3.0 커뮤니티는 블록체인 기술을 기반으로 하며, 분산화된 구조와 자율적인 운영방식을 통해 중앙 집중형 구조의 단점을 극복할 수 있다.

중앙집중형 구조의 운영 형태의 가장 큰 단점은 결정권과 통제권이 중앙에 집중돼 있다는 것이다. 이런 중앙집중화로 인해 커뮤니티 운영자는 커뮤니티 멤버들의 활동을 쉽게 제어하고 운영자의 권력남용 가능성을 높일 수 있다. 물론 자율성과 참여도를 제한할 수도 있다.

이유는 중앙집중화로 운영 시에 보통 운영자가 커뮤니티 멤버들의 개인정보를 모으고 저장하는데, 이에 대한 보안 문제가 발생할 수 있기 때문이다. 또한 운영자가 개인정보를 다른 목적으로 사용할 가능성도 있다. 이러한 문제점들을 극복하기 위해서는 웹3.0 커뮤니티의 분산화된 구조를 채택하는 것이 방법이라고 생각한다. 이는 커뮤니티 구성원들이 직접 커뮤니티를 운영하고, 결정권도 자율적으로 관리 할 수 있다. 즉, 분산화된 구조를 채택함으로써, 중앙집중화로 인한 문제점들을 해결하고 보다 자율적이고 참여도 높은 커뮤니티를 구성할 수 있게 되는 것이다.

결국 웹3.0 커뮤니티의 분산화는 중앙 집중화된 데이터 처리방식을 대체하고, 탈중앙화된 방식으로 운영되는 커뮤니티를 의미한다. 기술적인 면에서의 분산화는 블록체인 기술을 기반으로 이뤄지는 것을 뜻하는데, 이를 통해 커뮤니티가 운영된다면 커뮤니티 내부에서 일어나는 모든 거래와 활동들이 분산된 서버에 기록돼 보안성을 높일 수 있고, 중앙 집중화된 데이터 처리방식의 단점을 보완할 수 있다.

결국 그 속에서 커뮤니티 멤버들은 보다 안전하고 신뢰성 있는 커뮤니티에서 활동할 수 있게 되는 것이다. 하지만 이러한 기술적인 부분은 실제로 구축해야 하는 어려움이 많이 있기에, 현재 웹3.0 형태를 채택하는 커뮤니티들이 완전히 블록체인 기술을 활용해서 운영하고 있다고는 볼 수 없다. 웹3.0의 특징을 채택해서 웹2.0 커뮤니티를 운영하는 것이 가장 큰 특징이라고 보면 된다. 해리컴티 또한 이에 해당한다.

분산화된 웹3.0 커뮤니티에서는 중개자 없이도 사용자 간 직접적인 거래와 소통이 가능하며 이를 통해 중개자가 수수료를 받는 것이 아닌, 사용자 간에 직접 협력하고 이익을 나눌 수 있는 새로운 경제 시스템도 구축할 수 있을 것이라 생각한다. 이러한 구조가 완성되기 위해서는 커뮤니티 운영시스템이 선구축돼야 할 것이다.

하지만 시스템이라는 것이 완성되기까지는 결국 커뮤니티 운영자, 즉 리더의 엄청난 노력이 필수불가결하다. 그래서 웹3.0 커뮤니티를 추구하는 커뮤니티에서는 리더가 더욱더 중요하다. 하지만 이전의 웹2.0 커뮤니티 리더와는 조금 다른 역할을 해야 할 것이다. 리더에 관한 이야기는 뒤에서 좀 더 자세히 다뤄 보겠다.

DAO는 '탈중앙화된 자율조직(Decentralized Autonomous Organization)'의 약어로, 블록체인 기술을 기반으로 중앙 집중적인 조직 구조를 탈피하고 자율적인 운영을 추구하는 조직이다. DAO는 기본적으로 코드로 프로그래밍 돼 자동화된 규칙에 따라 운영한다. 즉, '스마트 콘트랙트와(Smart Contract)' 같은 분산원장 기술을 이용해 미리 정의된 규칙에 따라 자동으로 의사결정이 이뤄지는 시스템이다.

스마트 콘트랙트는 블록체인 기술을 기반으로 한 자동화된 계약 시스템이다. 조금 더 쉽게 설명하자면 스마트 콘트랙트는 조건이 충족되면 자동으로 계약이 실행되도록 프로그래밍한 소프트웨어 코드라고 보면 된다.

웹3.0 시장에서 DAO에 대한 언급이 잦은 이유는 분산화된 커뮤니티 운영이 중요 시 되기 때문이라고 생각한다. DAO 자체가 분산화된 자율조직을 뜻하고 있으며, 구성원들이 블록체인 기술을 활용해 투명하고 탈중앙화된 방식으로 운영된다는 의미가 담긴다. 웹3.0에서는 블록체인의 기술이 보다 중요한 역할을 수행하게 된다. 블록체인을 이용하면 데이터가 중앙화되지 않고 여러 참여자들에게 분산돼 저장되므로, 누구도 이를 조작할 수 없다. 이는 블록체인 기술이 탈중앙화와 투명성을 보장하는 특징을 지니게 된다. 결국 DAO가 블록체인을 기반으로 해 탈중앙화된 형태로 운영되기 때문에, 분산화된 웹3.0 시장에서 주목받게 된 것이 아닐까 생각해본다.

DAO의 특징 중 하나는 바로 의사결정 시 '보팅 시스템(Voting System)' 방식으로 이뤄진다는 것이다. DAO의 보팅시스템은 분산화된 커뮤니티 구성원들이 의사결정을 내리는 방식이다. 이때 커뮤니티 운영자의 선택에 따라 커뮤니티 토큰을 발행함으로써 '토큰 경제'를 도입할 수가 있다. 토큰 경제는 DAO에서 중요한 역할을 한다. 보통 각 구성원이 일정량의 토큰을 보유하고 있으면 이를 이용해 투표권을 행사하게 된다. 보유한 토큰의 양에 따라 투표권의 가중치가 결정된다.

예를 들어 A, B, C 세 명의 구성원이 있고, A는 100개의 토큰을 보유하고 있으며, B는 50개, C는 30개의 토큰을 보유하고 있다고 가정해보자. 이때 어떤 의사결정에 대해 투표한다면 A는 100표, B는 50표, C는 30표를 갖고 투표권을 행사할 수 있게 되는 것이다. 이렇게 가중치가 부여된 투표 결과에 따라 의사결정이 이뤄지는 것이 DAO 이다.

DAO에서는 토큰 경제를 이용해 기여도에 따라 보상을 제공한다. 이 토큰은 구성원들의 기여도에 따라 분배되며, 이를 통해 기여를 인센티브로 만들어 지속적인 개발 및 기여를 유도하는 효과를 얻을 수 있다. 나는 완벽한 DAO 구축은 힘들지라도 기존의 웹2.0 형태의 커뮤니티에 DAO의 시스템을 부분적으로라도 적용한다면 지속가능한 커뮤니티 모델이 나올 수 있을 것으로 생각한다.

실로 커뮤니티는 인간의 상호작용과 협력을 바탕으로 형성되는 집단이기에 실제로 커뮤니티 운영하다 보면 매우 유연하고 변동성이 크다는 사실을 깨닫게 된다. 커뮤니티는 구성원들의 다양한 의견과 조직의 필요에 따라 수시로 변화할 수 있기 때문이다. 그래서 나는 지금도 해리컴티 식구들이 놀라지 않도록 커뮤니티에 조금씩 꾸준히 DAO 시스템을 반영하고 있다.

그런데 웹3.0 커뮤니티를 DAO라고 말할 수 있을까? 웹3.0 커뮤니티를 DAO로 정의하는 것은 조금 어려울 수 있다. DAO는 기본적으로 블록체인 기술을 기반으로 하는 자율적인 분산 조직을 의미한다. 이 조직은 블록체인 기술을 활용해 계약과 거래, 의사결정, 자금 관리 등을 자율적으로 수행할 수 있으며, 중앙집중 적인 권력과 관리자가 필요 없다.

반면에 웹3.0 커뮤니티는 블록체인 기술을 활용해 분산화된 커뮤니티를 구성하는 것이 기본일 수 있지만, 자율적인 분산 조직은 아니라고 본다. 대부분의 웹3.0 커뮤니티는 중앙 집중적인 관리자나 운영팀이 존재하며, 이들이 커뮤니티의 운영과 관리를 담당한다. 따라서 웹3.0 커뮤니티를 DAO로 칭하는 것은 블록체인 기술을 활용하는 것과 분산화된 커뮤니티를 형성하는 것 이외 추가적인 요소가 필요하다고 본다.

그러나 블록체인 기술을 활용해 커뮤니티의 운영과 결정에 대한 자율성은 높일 수 있다고 생각한다. 그래서 웹3.0 커뮤니티가 DAO의 일부 개념을 수용하고 있다고도 볼 수 있다. 웹3.0 커뮤니티를 DAO로 칭하는 것은 어렵지만, 블록체인과 분산화된 커뮤니티를 활용한 새로운 형태의 커뮤니티로서 가치는 인정할 수 있지 않을까?

내가 운영하는 커뮤니티는 블록체인 기술이 직접 개입해서 운영하는 것은 아니다. 그래서 내가 직접 그 역할을 해야 하고, 커뮤니티에 점차 시스템을 도입해서 조금 더 웹3.0 형태와 DAO의 형태를 꾸려나가야 한다고 생각한다.

커뮤니티를 운영해본 사람들은 알겠지만 결국 커뮤니티의 핵심은 '사람'이다. 아무리 기술적으로 해결할 수 있는 부분들이 있다 할지라도 결국 사람에 대한 운영은 사람이 직접 시작해야 한다. 기술적인 부분은 추후의 문제다. 뭐든지 본질이 가장 중요하다. 웹3.0 커뮤니티, DAO 모두 좋다. 하지만 가장 중요한 것은 커뮤니티의 본질에 입각한 커뮤니티의 형태를 먼저 잘 구축하는 것이다. 그래서 이 책에서는 블록체인을 활용한 기술적인 부분보다는 사람이 운영하는 커뮤니티에 대한 이야기와 그 커뮤니티를 빌딩 할 때 중요한 요소들에 대해서 더욱 집중적으로 다뤄 보고자 한다.

Q.필자가 직접 운영하는 커뮤니티는 어떤 커뮤니티인가?

'숏폼은 3040 주부들도 부담 없이 소통하는 수단으로 자리 잡았을 만큼 진입장벽이 많이 낮아졌다….'

얼마 전 재미있게 읽은 뉴스 기사의 헤드라인이다. 이처럼 현재 숏폼 콘텐츠가 매우 확장되고 있는 시장 속에 크리에이터와 연관 있는 커뮤니티가 바로 우리 '해리컴티(HAERI COMTI)' 커뮤니티이다. 해리컴티는 3060세대가 주를 이루고 있는 숏폼 크리에이터 커뮤니티이다. 커뮤니티 구성원들은 연령에 상관없이 숏폼 콘텐츠크리에이터에 도전 중이며, 10대 자녀들과 공통된 라이프스타일을 공유할 수 있는 멋진 '엑스틴(X-Teen) 크리에이터'들이다.

개인적으로 크리에이터 시장은 점점 더 커질 것으로 생각하며 동시에 앞으로는 크리에이터로서의 포지션이 정말 중요해지는 웹3.0 시대가 올 것이라고 예상해본다. 해리컴티는 앞으로 다가올 '크리에이터이코노미(Creator Economy, 창작자경제)' 시장과 '웹3.0 넥스트 이코노미' 이 두 가지 미래에 집중해서 반보 빠르게 대비하는 웹3.0 얼리어답터 크리에이터들의 커뮤니티라고 이해하면 되겠다.

또한 웹3.0 커뮤니티와 DAO의 형태를 추구하는 커뮤니티이다. 블록체인 기술이 직접적으로 개입해서 분산화된 시스템을 갖춘 것은 아니지만, 커뮤니티를 운영 시에 운영 마인드를 최대한 탈중앙화 적으로 생각하려고 노력한다. 커뮤니티 멤버들이 직접 활동에 참여하며, 서로가 커뮤니티 네트워크의 일부분으로써 동등한 지위를 갖게 하려고 한다. 아직까지는 커뮤니티 멤버들에 의한 자율적인 운영은 어렵다. 자율성이라는 것은 중개자나 중간 관리자의 개입이 없는 형태를 뜻하는데 사람은 생각보다 자율적이지 않다. 어쩌면 매우 수동적일 때도 많다. 그래서 커뮤니티의 운영자가 지속적으로 커뮤니티 멤버들이 커뮤니티 활동에 참여할 수 있도록 유도해야 한다. 또한 활동지수와 기여에 따라 개인의 성장과 보상을 받아 갈 수 있도록 운영시스템을 잘 구축해야 한다.

나는 이러한 분산화와 자율성을 높여 결국 적극적인 참여가 이뤄지는 찐 커뮤니티를 구축하고 싶다. 투명하게 운영하며, 커뮤니티 멤버 중심의 다양한 경험을 제공하고 싶다. 이처럼 사용자 중심의 경험으로 이뤄진 커뮤니티는 결국 높은 참여도를 지니게 될 것이며, 지속적인 개선과 발전이 가능하다고 생각한다. 결국 커뮤니티 활동에 대한 만족도와 충성도가 높아질 것이다. 높은 만족도와 충성도가 커뮤니티의 지속적인 성장과 발전에 가장 큰 역할을 한다고 생각한다. 이러한 커뮤니티가 구축되면 더 나아가 다양한 커뮤니티 비즈니스로의 확장 또한 가능해진다. 이처럼 사람 중심의 본질적인 커뮤니티를 구축함과 동시에 좀 더 진화된 운영안을 지닌 커뮤니티로 성장하고자 하는 커뮤니티가 해리컴티이다.

틱톡 플랫폼에서 #해리컴티 해시태그 누적 조회수 1억 2000만 조회수 이상을 도달하고 있는 크리에이터 커뮤니티, 해리컴티

Q. '해리컴티'가 무슨 뜻인가?

쑥스럽지만 해리컴티의 해리가 바로 필자의 이름이다. 커뮤니티 운영을 처음 시작할 때까지만 해도 '해리컴티'라는 커뮤니티 이름도 없었다. AMA를 하던 도중에 크리에이터들과 함께 커뮤니티 이름을 정하다가 만든 이름이다. 내 소개를 먼저 하자면 나는 연극배우 출신의 숏폼 크리에이터이자 라이브 방송 호스트이며, 실시간 방송 판매 영역에서도 커머스 크리에이터로 활동 중이다. 또한 크리에이터&웹 3.0 교육 전문 플랫폼 '해리스쿨'과, 크리에이터 커뮤니티 '해리컴티'를 운영하는 운영자이기도 하다. 나는 3년 전에 크리에이터 활동을 시작했고, 첫 시작의 무대는 숏폼 플랫폼 '틱톡'이었다.

그때 당시 나는 '틱톡'이라는 플랫폼이 앞으로 성장 가능성이 더 크다고 생각했고, 아직 한국에는 열리지 않은 시장이라 판단해 진입하게 됐다. 나도 크리에이터라는 종목 자체가 처음이었고 맨땅에 헤딩하듯 크리에이터 시장에 발을 들였던 것 같다. 정말 얼마나 열심히 찍어댔던지, 틱톡을 시작한 지 1년쯤 됐을 때 내가 찍은 콘텐츠를 확인해보니 약 560개 정도의 콘텐츠가 쌓여 있었다. 틱톡을 시작한 지 두 달 만에 1만 팔로워에게 도달했고 그 시점에 빠르게 교육업으로 뛰어들었다.

'두 달 만에 1만 팔로워 된 노하우'를 콘셉트로 강의를 시작했다. 내가 숏폼 크리에이터라는 직업군에 도전했을 때만 해도 주변에 숏폼에 관해서 물어보거나 도움을 줄 수 있는 멘토를 찾기가 참 어려웠다. 그래서 차라리 나부터라도 숏폼 크리에이터를 시작하고 싶은 사람들에게 조금이라도 알고 있는 내용을 공유하고 알려줘야겠다고 생각했다.

특히 콘텐츠를 잡기 어려운 3060 일반인들을 대상으로 도움을 줄 수 있다면 최소한 시작부터 일일이 다 직접 알아보고, 시간 투자하고, 깨닫는 시간을 줄일 수 있는 게 아닌가 싶어서 강의를 결심하게 됐다. 그렇게 시작했던 강의로 현재는 500명이 넘는 크리에이터들을 양성한 전문 강사가 됐다. 해리컴티는 이렇게 양성한 숏폼 크리에이터들이, 수업을 모두 마치고 난 뒤에 입장하는 크리에이터 커뮤니티라고 생각하면 된다.

Q. 처음부터 비즈니스 모델을 생각하고 커뮤니티를 빌딩 했는가?

전혀 아니다. 정말 단순히 타인에게 도움을 주고 싶어서 선한 마음으로 시작한 오픈채팅방이 이렇게 커진 것이다. 내가 커뮤니티를 운영하게 된 시작은 이러했다. 2021년 여름, 처음 크리에이터 수업을 했을 때 약 80명 정도가 2기수에 걸쳐서 모집됐다. 수업이 진행되는 동안에는 으쌰으쌰 다들 수업 참여도도 높았고, 영상 찍는 재미에, 팔로워 느는 재미에 열심히 하는 분위기였다. 2기수가 끝날 무렵 개인적으로 회사를 퇴사하게 되면서 개인사로 잠시 수업을 휴강하게 됐다.

한 두세 달 지났을 때 '다들 크리에이터 활동 잘하고 계시나?' 하는 궁금증이 생겨서 쭉 수강생들의 계정을 둘러보았다. 그런데 나와 함께 열심히 콘텐츠 고민도 하고 크리에이터로써 도전해보겠다고 으쌰으쌰 하던 분들이 잘 안 보였다. 결국 몇몇 분들과 소통을 해보니 3060 크리에이터들이 함께할 때는 그 분위기라도 타서 그 순간만큼은 재미있고 즐겁게 콘텐츠를 찍었었는데, 콘텐츠 창작이라는 것이 리더 없이 혼자가 되니 유지하기가 쉽지 않았다는 이야기를 듣게 됐다.

'나를 통해서 크리에이터 시장에 발을 들이게 되신 분들인데, 이분들이 지속적인 활동을 할 수 있도록 내가 도와 드리는 것은 어떨까?'라는 생각을 하기 시작했고, 그렇게 오픈채팅방을 하나 만들게 됐다. 그리고 나에게 수업을 들었던 분들의 연락처를 다 다시 찾아서 일일이 연락했다. "계속해서 저와 함께 크리에이터로써 활동하고 싶으시다면 이 방으로 모여주세요"라고. 수강생 중 대부분이 기다렸다는 듯이 방에 모이기 시작했다. 그때 알았다. '아…, 도움이 필요했던 것이 맞았구나…!' 그렇게 약 80명의 사람이 한 명 한 명 다시 한 방에 모인 작은 소통방으로 커뮤니티가 시작됐다.

Q. 커뮤니티에 들어가는 방법이 어떻게 되나?

해리컴티는 특정 크리에이터 수업을 다 완주해야만 입장을 할 수 있는 폐쇄형 커뮤니티를 유지해왔다. 2022년 2월, 작은 소통방 운영과 동시에 다시 크리에이터 수업이 재개됐다. 매달 새로운 기수를 모집했고 수업을 진행할 때마다 정말 최선을 다해서 수강생들에게 나의 지식과 노하우들을 아낌없이 전달했다. 수업을 진행하면서 나도 크리에이터로써 여러 방면에서 조금씩 지속적으로 꾸준히 성장을 해왔고, 동시에 내가 성장할 때마다 깨달은 것들을 모두 수업에 담아내서 점점 더 풍부한 수업을 만들어갔다. 이렇게 나의 수업에 참여한 크리에이터들이 매 수업이 끝날 때 오픈채팅방에 입장했다. 수업을 다 들어야만 오픈채팅방 링크를 전달했고, 그렇게 폐쇄커뮤니티 형태를 유지했다.

폐쇄형 커뮤니티를 유지한 이유는 그래야만 커뮤니티 멤버 간의 명확한 공통분모를 만들어 나갈 수 있을 것으로 생각했고, 그래야 그 속에서 더욱더 단단한 커뮤니티의 찐팬 구성원이 만들어질 것으로 생각했기 때문이다. 또한 이 커뮤니티에 들어온 사람들과 아닌 사람들 간의 경계를 만들어서 상대적으로 커뮤니티에 소속감이 들게끔 노력했다. 폐쇄 형식을 유지한 덕분에 커뮤니티 구성원들 모두가 크리에이터 포지션을 취하고 있는 정체성이 뚜렷한 커뮤니티가 된 것이 아닌가 싶다.

2022년 9월, 해리컴티 전용 '디스코드 서버'를 추가로 오픈했다. 디스코드를 선택한 이유는 웹3.0 시장에서 NFT 프로젝트들의 커뮤니티가 대부분 디스코드로 운영되고 있었고, 해리컴티도 발 빠르게 그 흐름에 올라타기 위해서였다. 그렇게 디스코드라는 플랫폼도 모르는 분들을 모시고 또 한 번 이민을 했다.

2022 해리클래스 (틱톡 크리에이터 비즈니스 과정)

지속가능한 커뮤니티 운영의 기본 원칙

CHAPTER 2

'소통 능력(Communication ability)'은 기본 중의 기본

커뮤니티를 운영하는 능력 중 가장 중요한 요소는 바로 '소통 능력'이다. 소통 능력이 없으면 커뮤니티의 활성화와 구성원들 간의 상호작용 자체가 불가능해진다. 그러면 당연히 커뮤니티의 성장과 발전이 힘들어진다. 커뮤니티 운영에 있어서 소통이 중요한 이유는 커뮤니티 구성원들의 의견이나 제안을 적극적으로 수용하고 적절하게 반영하는 과정을 끌어내기 때문이다. 그래야 커뮤니티 구성원들이 커뮤니티가 점점 발전하는 것을 몸소 느끼고 커뮤니티에 머무르는 동안 만족도가 높아지며, 결국 머무르는 시간이 길어지게 되는 것이다.

커뮤니티 운영자의 소통 능력이 결국 커뮤니티 구성원들의 신뢰를 구축한다. 커뮤니티는 사람으로 시작해서 사람으로 끝나는 곳이다.

그래서 소통이란 것이 결코 쉬운 일은 아니다. 지구상에 정말 가지각색 다양한 생각을 지닌 사람들이 70억 명이나 있다. 그 안에서 나와 똑같은 생각을 하는 사람을 찾는다는 것이 어디 쉬운 일이겠는가?

똑같은 가정환경에서 똑같은 배 속에서 태어난 형제끼리도 생각이 다 다르지 않은가? 그렇게 모두가 다 다른 사람들이 모여있는 것이 바로 커뮤니티다. 아무리 동일한 목적으로 특정 가치나 세계관에 동의한 사람들이 모여 있다고 하지만, 직접 소통해보면 정말 모두가 다 다른 입장이었다. 그래서 구성원들의 의견을 수용하고 적극적으로 반영하는 것이 중요한 것이다. 끊임없이 소통함으로써 구성원들의 생각과 의견을 지속적으로 모으고 수렴해야 한다.

커뮤니티 운영자는 이 모든 것을 수용하고 반영할 수 있는 능력을 갖춰야 한다. 이러한 능력이 있어야만 커뮤니티 구성원들이 커뮤니티에 머무르는 동안 만족도를 높일 수 있다. 그로 인해 커뮤니티가 발전하고 성장하고, 그 성장 속에 커뮤니티 구성원들의 기여가 생겨난다. 소통 능력이란 것이 태생적으로 타고난 사람이 있는 반면에 정말 힘든 사람들이 있는 것은 너무나 당연한 일이다.

커뮤니티 빌딩을 원하는 빌더가 커뮤니티 운영을 마음먹기 전에 아마 겁부터 먹을 수 있다. 이 부분에 대해서도 해줄 말이 있다. 얼마 전 GM WEB 3이라는 웹3.0 커뮤니티에 대한 토크쇼에 토론 패널로 참가했었다. 그 자리에 있던 패널 한 분이 이런 말을 했다. "저는 ENFP 성향인데, 채팅방에 글들이 쌓여있고 그 글들을 하나하나 다 읽어야만 하는 일을 해야한다면, 저 같은 사람은 커뮤니티 운영을 못할 것 같습니다"라고. 나는 그 말에 바로 반박했다. "제가 바로 동일한 성향의 ENFP입니다." 솔직히 말하면 나도 그 말에 동의하기는 한다. 커뮤니티 운영을 처음 시작할 때까지만 해도 나는 '할 수 있는 범위 안에서 단순히 사람들을 도와줘 보자!'라는 마음으로 시작했지, 이렇게 큰 책임감을 가질 정도의 커뮤니티를 운영하게 될 줄은 미처 몰랐다.

커뮤니티에 사람들이 150명 정도에서 200명 정도 넘어가는 시점에 고비가 한 번 왔다. 그때 당시 필자는 웹3.0에 대해 더 깊게 공부하고 있었고, 현업에서 종사하는 사람들을 만나러 다니며 이 시장에 대한 다양한 인풋을 하기 위해 네트워킹을 구축하며 다니고 있었다. 이유는 커뮤니티 멤버들을 웹3.0 시장으로 보내고 싶었기 때문이었다. 그러기위해서는 내가 먼저 준비가 된 사람이어야 한다는생각에 더 열심히 노력했던 것 같다. 오프라인 상황이 너무 바빠지다 보니 자연스레 커뮤니티 오픈채팅방을 자주 들락날락하지 못하게 되었다. 그러다보니 점점 커뮤니티에 구성원들의 의견들이 올라오기 시작했다.

'주인 없는 가게는 돌아가지 않습니다', '개인적인 일 보러 다니느라 커뮤니티에 신경을 못 쓰시나 봅니다', '제가 올린 톡에 답변을 안 해주시니 너무 서운합니다' 등의 내용이었다. 참 많은 생각을 하게 됐다. '나는 커뮤니티의 성장만을 위해 외부에서 정말 큰 노력을 하며 다니고 있었는데, 이 모든 노력도 말을 안 하면 모르는 거구나'라는. 커뮤니티를 위해 내가 이만큼 노력하고 있으니, 잠시 자리를 비워도 잘 굴러갈 수 있을 것으로 생각한 것은 엄청난 착각이었다. 커뮤니티의 식구들이 원하는 것은 진심 어린 소통이었다.

나의 원래 성격은 스마트폰을 부여잡고 일일이 톡에 답을 하고, 못 읽은 톡은 꼭 체크하는 그런 성격은 아니었다. 치마만 둘렀지 머스마 같은 사내 여자애랄까…. 이런 이야기들을 듣고 난 이후부터 엄청난 고민을 하게 됐다. '아 나는 커뮤니티 운영에 최적화된 성향과 성격이 아닌걸까?'라며 질문을 던지게 됐다. '커뮤니티 운영 계속해? 말아?' 이런 고민은 커뮤니티 운영자라면, 한 커뮤니티의 리더라면 꼭 한 번쯤은 겪게 될 것이다. 특히 그 커뮤니티가 정말 찐팬 커뮤니티일수록 더욱 심할 것이다. 그래서 선택했다. '그래, 날 믿어주는 분들이 모인 건데 내가 맞추는 것이 맞다. 가보자!'라고.

그날 이후 난 나의 성격을 커뮤니티에 맞추기로 했다. 그리고 나의 성향과 성격을 노력으로 하나씩 개조하기 시작했다. 모든 글에 최대한 답변을 달아주기 위해 노력했고, 외부에서 일을 보다가도 잠시 톡방을 못 봐서 톡이 쌓여 있으면 혹여나 놓치는 것이 있을까 싶어 꼭 읽다가 멈춰진 곳으로 올라가서 하나하나 싹 다 정독했다. 소통하는 순간순간마다 계속해서 입장을 바꿔 생각해보려 노력했다. '그래 내가 누군가에게 말을 걸었는데 묵묵부답이면 기분 나쁘겠다, 서운하겠다, 그런 감정을 느끼게 만들면 절대 안 되겠다'라는 마음으로 꿋꿋이 벽타기(오픈채팅방에서 읽지 못한 톡을 찾아 올라가 쭉 읽어 내리는 행위)를 하고 또 했다. 하나하나 답변하기를 눌러서 대답하려 노력했다.

그러자 변화가 생기기 시작했다. 내가 끊임없이 커뮤니티 구성원들과 소통하려고 노력하는 모습이 그들에게도 느껴졌는지 어느 순간 나를 참 따뜻하게 안아주기 시작했다. 나에게 식사는 챙겼는지, 잠은 잘 잤는지 물어봐 주기 시작했다. 커뮤니티 안에서는 누구도 소외감과 서운함이 들지 않게 하려고 노력하다가 오히려 내가 더 그들에게 위로받기 시작했다. 이때 정말 절실하게 느꼈다. '커뮤니티가 가진 따뜻함이 이런 거구나, 온라인으로 만난 관계들이지만 결국 사람과 사람이 연결되는 곳이구나, 커뮤니티에 정말 진심일수록 반응이 없을 때에는 오히려 서운한 마음이 생기는구나…' 등. 이런 깨달음은 정말 커뮤니티 운영자가 직접 커뮤니티 안에서 식구들과 함께 손가락이 아플 정도로 진심으로 소통해보고 난 뒤에야 깨닫게 되는 지점인 것 같다.

정말 다시 한번 강조하고 싶다. 커뮤니티 운영의 첫 번째 필수 기본 원칙은 '소통'이다. 이 지점을 무시하는 순간 지속가능한 커뮤니티를 논하기 전에 커뮤니티 운영 자체도 힘들어질 것으로 확신한다. (물론 특정한 소통의 규칙이 있는 커뮤니티는 조금 다를 수 있다. 하지만 그 규칙속에서도 소통의 시간동안에는 최선을 다해야 한다고 생각한다.)

'진정성(Authenticity)'이 신뢰를 가져온다

커뮤니티 운영자와 커뮤니티의 구성원 간의 어느 정도 소통이 이뤄지다 보면 자연스레 운영자의 진정성이 묻어 나오기 마련이다. 사람들은 저마다 본인의 기준에서 타인을 바라보고, 판단하고, 해석한다. 분명 오해하는 경우가 생길 수도 있고, 운영자의 뜻이 그대로 커뮤니티 구성원들에게 전달되지 않는 경우가 생길 수도 있다. 심지어 반대로 뜻을 받아들이는 경우가 생기곤 한다. 이를 해결할 방법은 하나뿐이다. 운영자가 진심으로 커뮤니티를 위하는 마음을 보여주는 것이다.

진심으로 커뮤니티의 구성원들과 함께 앞으로 나아가기를 바라는 마음을 보여줘야 한다. 운영자가 본인의 사익을 위해서 커뮤니티 구성원들을 도구로 바라본다면 절대 지속가능한 커뮤니티로써 성공할 수 없다. 아예 불가능하다. 커뮤니티는 결국 사람이며 진심은 결국 통한다고 하지 않던가! 혹은 커뮤니티를 오해하는 일이 생기더라도, 운영자가 오해한 식구에게 진심을 담아 지속적으로 꾸준히 일관된 모습을 보여주면 스스로 오해했다고 판단하게 된다. 또는 오해했다는 사실을 알았을 때 운영자가 직접적인 소통을 시도해 진심을 보여준다면 오히려 상대방은 찐팬으로 돌아설 가능성이 커진다.

커뮤니티 운영자는 가식적인 모습을 보여주기 보다는 최대한 솔직담백한 모습을 보여줘야 한다고 생각한다. 부족하면 부족한 모습 그대로 보여줄 것을 추천한다. 나 또한 완벽한 사람이 아니다. 엄청난 허당끼가 다분한 면이 있는 사람이다. 이 모습 또한 나이기에, 커뮤니티를 운영할 때는 최대한 진심으로 나답게 운영하려 한다. 사람은 가식이나 꾸밈없이 있는 그대로의 모습으로 타인을 대할 때 가장 매력적으로 어필할 수 있다. 오히려 조금 부족한 모습을 보여줬을 때, 더 인간미 있다고 느껴질 수도 있다. 커뮤니티의 운영자가 되고 싶다면, 정말 한 집단의 리더가 되고 싶다면, 마음가짐부터 진심을 가득 안고 시작하길 바란다.

처음부터 큰 뜻을 품고 시작하지 않았을지라도, 사람이 모이고 나면 환경이 변하기 때문에 결심을 해야만 하는 순간이 올 수도 있다. 잘 해내고 싶다는 꿈을 품었다면 그때부터는 무조건 진심을 다해 커뮤니티를 운영해야 한다. 그렇게 진심을 다해 다 쏟아 부어도 될까, 말까 하다고 생각한다. 나보다 커뮤니티 식구들을 먼저 생각해야 한다. 나는 지금도 진심으로 우리 해리컴티 식구들이 어떻게 해야 멋진 크리에이터 역량을 지닐 수 있을지, 어떻게 해야 웹3.0에 대한 이해도가 높아져서 얼리어답터가 될 수 있을지를 고민한다. 매일 아침 눈 뜨고 잘 때까지 고민하는 것 같다. 이유는 내가 운영하는 커뮤니티는 우리 커뮤니티 식구들이 성장함에 따라서 커뮤니티 실력이 향상하는 구조로 만들어 놓았기 때문이다.

리더가 혼자 아무리 잘났어도 의미가 없다. 커뮤니티 식구들이 성장하고 식구들의 영향력이 높아져야 리더도 뭔가를 더 해 나갈 수가 있다. 커뮤니티를 운영하겠다는 마음을 먹었다면. 그 커뮤니티를 구성하는 식구들을 정말 내 사람이다, 내 식구라고 생각하고 품길 바란다. 늘 진심 가득한 마음으로 진정성을 다해 다가가고 소통하라. 커뮤니티 구성원들이 말을 안 해서 그렇지, 리더가 얼마나 진심을 다해 커뮤니티를 운영하는지, 가식으로 하는지 다 안다. 절대 거짓으로 커뮤니티를 운영하지 마라. 그리고 커뮤니티 사람들을 돈으로 보는 순간 그건 커뮤니티의 본질이 흔들리는 것이기 때문에 절대 지속가능할 수가 없다. 명심 또 명심했으면 좋겠다.

유리알처럼 맑은 '투명성(Transparency)'

커뮤니티를 운영하다 보면 커뮤니티가 성장함에 따라 수익화가 발생하기도 하고, 커뮤니티에 다양한 제안이 들어오기도 한다. 커뮤니티가 대단한 화력을 지니게 되는 순간, 응집력이 눈에 띄게 강하다는 소문이 나는 순간, 외부에서는 그 커뮤니티를 타겟팅하기 시작한다.

나는 사실 커뮤니티 운영을 시작하면서 이 부분을 이미 고려하고 있었다. 우리 커뮤니티가 남다른 화력·응집력·결속력이 생긴다면 분명히 B2B(Business-to-Business) 단계로 넘어갈 것을 알고 있었다. 이유는 커뮤니티에 다양한 기회가 찾아왔을 때 그 기회를 통해서 우리 크리에이터들의 성장도 가능하리라 판단했기 때문이다. 그래서 커뮤니티의 응집과 결속을 끌어내기 위해서 커뮤니티 운영상황을 투명하게 공개하는 자리를 지속적으로 만들어야만 했고, 최소한 한 달에 한 번 이상 AMA를 꾸준히 진행했다.

AMA는 'Ask Me Anything'의 약자로, 웹3.0 커뮤니티에서 자주

보이는 질의응답 세션이라고 보면 된다. 보통 블록체인 프로젝트팀의 의견과 전략 또는 로드맵 등을 직접적으로 전달하고, 프로젝트와 커뮤니티 멤버들 간의 소통을 통해 의견과 피드백을 수렴할 수 있는 공식적인 자리이다. AMA는 웹3.0에서 프로젝트와 커뮤니티 간의 소통과 상호작용을 촉진하는 데에 매우 유용한 방법의 하나이다. 이를 통해서 분명 커뮤니티가 더욱 성장하고 발전해 나가는 것에 도움이 된다고 생각한다. AMA에 관한 내용은 뒤에서 좀 더 자세히 다루도록 하겠다.

중요한 것은 커뮤니티를 운영하면서 커뮤니티에 찾아오는 다양한 기회들을 커뮤니티 구성원들과 투명하게 공유하는 것이다. 커뮤니티가 어느 방향으로 흘러갈 것인지, 커뮤니티에 어떤 기회들이 찾아왔는지 또한 커뮤니티가 성장함에 따라 이런 기회를 통해 구성원들에게는 어떤 식의 기회와 보상으로 돌아갈 것인지, 운영자가 생각하는 로드맵을 투명하게 공유해야 커뮤니티가 하나로 뭉쳐질 수 있다. 효과는 대단했다. 꾸준히 소통하고 로드맵을 공유하고, 로드맵에 맞는 약속을 이행하는 것을 행동으로 보여줬을 때, 커뮤니티 구성원들의 신뢰도가 점점 두터워지는 것이 느껴졌다. 그리고 점차 커뮤니티 구성원들이 자발적으로 커뮤니티에 이바지하고자 하는 마음을 보여주기 시작했다.

AMA를 진행한다는 첫 공지 사항을 올렸을 때 200명이 넘는 멤버들이 모였다. 그 이후로 AMA를 한다고 할 때는 꾸준히 지금까지도 최소 100명~150명 이상의 멤버들이 꼭 모이곤 했다. 이제는 AMA를 진행한다고 하면 커뮤니티 멤버들이 커뮤니티 내에 이슈나 소식을 공개하는 자리임을 모두 인지하고 있다. 내가 잘했다고 생각하는 것 중 하나는 지금까지 커뮤니티 운영을 정직하게, 투명하게 커뮤니티 내에 특별한 이슈가 있을 때는 커뮤니티 멤버들과 늘 공유해왔던 것으로 생각한다.

커뮤니티 구성원들이 운영자를 바라봤을 때 뭔가 숨기는 것이 있다거나 켕기는 것이 있어 보이면 안 된다. 그때부터는 의심이라는 것이 밀고 들어 오면서 신뢰가 무너질 수 있어서 커뮤니티 운영자는 이 부분에 대해서 반드시 인지하고 솔직해져야 한다. 혹시나 약속을 못 지키게 되더라도 투명하게 사유를 정확하게 밝히고, 공개하고, 공유할 때 신뢰가 깨지지 않고 커뮤니티를 잘 지켜 낼 수 있는 방법이 된다.

'방향성(Directionality)'에 따라 어떤 멤버들이 모일지가 결정된다

분명 커뮤니티라는 것을 처음 만들 때는 저마다의 이유와 목적이 있다. 커뮤니티 운영자 처지에서는 그 목적에 맞는 사람들이 모이고 나면, 그 속에서 또 다양한 방향성이 보이게 될 것이다. 사람들은 모두 본인에게 이익이 되는 곳으로 찾아가게 돼 있다. 커뮤니티에 사람들이 모였다는 것은 개개인이 판단했을 때 커뮤니티가 본인에게 무엇인가 도움이 된다거나, 이익을 취할 수 있다고 생각했거나 또는 그 커뮤니티가 본인의 성장에 발판이나 도움이 된다고 판단했을 때일 것이다. 그렇다면 커뮤니티 운영자는 그 커뮤니티 구성원들의 목적에 맞는 커뮤니티를 운영해야 한다.

하지만 커뮤니티를 실제로 운영하다가 보면 커뮤니티 볼륨이 커지면 커질수록 혼자 운영하는 것에는 한계가 있다는 것을 깨닫게 될 것이다. 그때는 자연스럽게 '조직화' 단계에 들어가야 한다. 그리고 이때 리더의 역할은 점점 더 중요하게 된다. 어떤 방향으로 커뮤니티를 이끌고 나갈 것인지, 그 속에서 커뮤니티 멤버들에게는 어떤 가치를 지속적으로 제공해 줄 수 있을지 그리고 혼자가 아닌 커뮤니티 구성원들이 다 함께 운영해 나가는 커뮤니티의 방향성은 어떻게 잡아갈 수 있을지를 늘 고민해야 한다. 그렇게 내가 커뮤니티를 운영하다가 찾게 된 커뮤니티 슬로건이 바로 '다잘잘'이다.

'다같이 잘 먹고 잘살자'

커뮤니티의 방향성과 목표를 잊고 싶지 않아서 슬로건을 생각하던 중에 이보다 더 직관적이고 와닿는 문구가 생각나지 않았다. 처음에는 커뮤니티 멤버들도 의아해하고, 이행하기 어려운 슬로건이라며 반신반의했었을 것이다. 하지만 내가 노력을 멈추지 않고 조금씩이라도 행동으로 보여줘서 그런지 이제는 커뮤니티 식구들이 먼저 다같이 '다잘잘'을 외치며 커뮤니티 성장에 서로 이바지하려 하고, 힘써주려 하고 있다. 그만큼 커뮤니티의 성장 방향성과 커뮤니티 구성원 간의 마인드 공유가 참 중요하다.

커뮤니티의 목표와 방향성을 설정할 때는 커뮤니티 운영자의 사익 추구보다는 커뮤니티 전체의 가치가 높아지는 목표를 설정해야 지속 가능한 운영이 된다고 생각한다. 커뮤니티가 전체 공동의 이익을 위해 다 같은 목표를 향해 한 방향을 바라보고 뭉쳐서 달리는 힘은 시간이 지나면 훨씬 더 높게 평가가 될 수밖에 없다. 개개인의 역량이 조금 부족하더라도, 개개인의 영향력이 조금 미비하더라도, 한 명 한 명이 모여 공동의 목표를 향해 다 함께 나아갈 때의 그 힘은 가히 폭발적이다. 보이지 않는 집체의 힘은 그 무엇보다 강력한 에너지를 낼 수 있다는 것을 꼭 알았으면 좋겠다.

결국 '상호작용성(Interactivity)' 때문에 커뮤니티 활동을 지속하게 된다

'상호작용성'이란 것이 어떻게 보면 소통과 매우 밀접한 개념이지만 조금씩 차이가 있다고 보기에 별도로 이야기 나눠 보려 한다. 소통은 개인 또는 집단 간의 정보나 생각을 주고받는 과정이 담긴 의사소통의 의미가 있다. 반면, 커뮤니티 상호작용성은 구성원들 간의 상호작용 및 상호작용에서 나타나는 결과를 의미한다. 즉, 커뮤니티 구성원들이 상호 작용을 통해 새로운 아이디어를 제시하고, 서로의 지식을 공유하며, 협업을 통해 문제를 해결하는 등의 행동을 말한다. 이러한 상호작용은 커뮤니티 내에서의 신뢰와 협력을 촉진하고, 커뮤니티의 성장과 발전을 이루는 데 매우 중요한 역할을 한다. 더 나아가 내가 생각하는 커뮤니티 상호작용성은 커뮤니티 구성원의 성장이 곧 커뮤니티의 성장과 연결되는 연결점을 뜻한다.

웹3.0 현업종사자들을 만나서 이야기를 나누다 보면 꽤 많은 분이 지속가능한 커뮤니티 운영에 대해서 정말 관심이 많았다. 아무래도 블록체인 시장에서의 '커뮤니티'는 사업의 성패가 달렸다고도 보일 정도의 중요 요소이기 때문이 아니냐는 생각이 든다. 그렇다면 결국 커뮤니티에 사람이 모여야 하고, 모인 사람들이 지속적으로 커뮤니티 활동을 영위할 수 있게 만드는 것이 핵심 요소라는 것인데, 그 부분이 잘 해결되지 않는다는 것이다. 개인적으로 그 이유는 커뮤니티 빌딩의 목적 자체가 빌더들의 수익을 위한 수단으로 보여져서 그런 것이 아니겠냐는 생각을 조심스럽게 내비쳐본다. 지금까지 이야기한 내용만 읽어보아도 아마 고개가 끄덕여질 것이라고 본다.

커뮤니티의 본질 자체는 동일한 관심사나 목적을 가진 개인들이 모여 상호작용하며 협력하는 것이다. 일상생활, 취미, 직장, 종교, 문화 등 다양한 분야에서 형성될 수 있는데 결국 이들이 서로 소통하고 지식, 경험, 정보 등을 공유하며 함께 발전해 나가는 과정에서 커뮤니티의 핵심 가치를 형성하게 된다. 이와 같은 커뮤니티의 속성을 빌더들의 상품 또는 서비스를 이용하는 소비자들의 모임 또는 NFT 판매수익을 올리려는 수단으로만 생각한다면, 지속가능한 커뮤니티는 많이 힘들 것으로 판단한다. 이게 무조건 나쁘다는 것이 아니라, 그다음 단계로 넘어가는 행동을 보여주는 프로젝트가 많이 없었고, 그렇게 형성된 커뮤니티 중에 지속가능성을 보여준 사례도 보기 드물었기 때문이다.

NFT 멤버십 운영을 위해 홀더(Holder)들을 모으는 커뮤니티는 충분히 가치가 있다고 생각한다. 지속적으로 소통을 유지하고 약속을 이행한다면 말이다. 여기에서 커뮤니티 운영자들은 '상호작용성(interactivity)'에 대해서 심각하게 생각해 볼 필요가 있다. 분명 커뮤니티 운영자들은 커뮤니티가 형성됐을 때 지속가능성에 대해서 고민이 가장 클 것이다.

커뮤니티 운영을 기획하고, 방향성을 잡아가고, 비즈니스 모델을 탄생시킬 때 반드시 고려해야 할 점이 있다. 반드시 커뮤니티 구성원들을 잊어서는 안 된다. 그들이 있기에 커뮤니티가 존재하는 것이고, 그들이 활발한 커뮤니티 활동을 해줘야 커뮤니티가 성장하고 영향력이 생기는 것이다. 전적으로 커뮤니티 구성원들을 위한 운영에 집중해야 하며, 비즈니스 모델을 만들더라도 구성원들과 함께 이뤄낼 수 있는 모델은 무엇이 있을지에 대한 고민을 해보길 바란다.

커뮤니티 운영에 기여하는 멤버일수록, 기여도에 따른 보상시스템도 다양한 형태로 고민해 볼 필요가 있다. 더 중요한 것은 그 안에서 얼마나 자발적으로 커뮤니티가 진심으로 성장하고 성공했으면 하는 마음을 지닌 멤버들이 많은지가 더 중요하다. 이러한 멤버들이 있기에 커뮤니티가 버티는 힘이 생기는 거로 생각한다.

하지만, 운영자 혼자만의 노력으로는 구성원들의 참여를 유도하고 상호작용성을 높이는 것에는 한계가 있다. 따라서 운영자와 구성원들 모두가 서로를 존중하며, 상호작용성을 높이는 노력을 다같이 해야 한다. 이를 위해서는 운영자와 구성원들이 서로 소통할 수 있는 시스템을 마련하고, 이를 통해 지속적으로 정보를 공유하고 의견을 교환할 수 있는 환경을 만들어 나가야 한다.

해리컴티 커뮤니티 멤버들의 생각 공유(익명 인터뷰)-1

Q. 본인이 생각하는 커뮤니티의 성장 방향성은 뭐라고 생각하시나요?
A. (익명 인터뷰 답변을 가감 없이 100% 있는 그대로 가져온 전문입니다.)

**1. 본인이 생각하는 커뮤니티의
성장 방향성은 뭐라고 생각하시나요?**

이곳에 내용을 입력하세요.

커뮤니티는 공통의 관심사와 목표를 가지고
자기성장 과정과 나눔을 통한 가치를
추구해야 한다고 생각합니다.

동반성장과 공동의이익을 추구하며
함께 참여해야 한다

내가 생각하는 커뮤니티는 모두가 포기하지 않고 함께 성장할 수
있는 것을 목표로 하여 지속가능성을 추구해야 한다.

성장에 대한 뚜렷하고 성취 가능한 목표를 지녀야 하고요.
서로를 돈으로 여기지 않아야 하겠죠?

커뮤니티 수장은 커뮤니티의 멤버가 주인공이 되도록
성장의 시스템화와 지속적 인프라 확보를 통해 레벨업을 돕고,
멤버들은 커뮤니티가 주인공이 되도록 성장시스템을 통해
자기역량 강화에 힘쓰고, 자신이 갖은 역량을 커뮤니티의 파워로
쌓아 서로가 위너가 되는 방향으로 나아가야 한다.

커뮤니티는 공동성장 목표를 지니고 소속감 있는
지속 성장을 추구해야 한다고 생각합니다.

※ 익명 인터뷰 답변을 가감 없이 100% 있는 그대로 가져온 전문입니다.

1. 본인이 생각하는 커뮤니티의 성장 방향성은 뭐라고 생각하시나요?

이곳에 내용을 입력하세요.

> 커뮤니티는 목표를 지니고 같은 방향으로 가야하며 소외되는 사람이 없도록 다 같이 권리를 가지고 진정한 '다잘잘'을 추구해야 함

> 공동 성장을 하기 위해서는 개인의 역량을 키우고 서로 힘이 되어주고 커뮤니티 활성화에 힘을 써야한다고 생각합니다. 그래야 커뮤니티 가치도 올라가겠죠.

> 커뮤니티는 같은 목표를 가지고 성장할 수 있도록 서로 도와야 한다고 생각해요 그리고 내가 선택한 커뮤니티에 대한 적극적인 활동이 필요해요 가만히 누군가 다 해주겠지란 생각은 놉!!

> 커뮤니티는 멤버들의 지적/경제적 성장을 위한 목표를 가지고 서로 협업하는 상생 문화를 추구해야 한다.

> 새로 합류하는 사람이 많아 커뮤니티의 볼륨이 커지는 것도 중요하지만 그 보다 더 중요한 부분은 소외감을 느끼거나 커뮤니티에 신뢰를 잃어 이탈하는 사람이 생기지 않아야 하는 것입니다

> 커뮤니티는 최대한 평등한 사회를 목표로 개인의 성장과 그에 따른 보상이 오는 구조를 추구해야 합니다.

※ 익명 인터뷰 답변을 가감 없이 100% 있는 그대로 가져온 전문입니다.

1. 본인이 생각하는 커뮤니티의 성장 방향성은 뭐라고 생각하시나요?

이곳에 내용을 입력하세요

커뮤니티는 서로 신뢰하지만 행동할 때 책임감이 따른 다는 것 잊지말고 책임감 있게 서로 덕이 되게 행동했음 합니다.

나의 노력이 나 자신뿐만 아니라 내가 몸 담고 있는 커뮤니티의 성장과 발전, 밝은 미래와 맞닿아 있다는 공통의 '믿음'을 가지고 서로를 배려하고 감싸 안아주며 투명한 프로세스를 통해 업그레이드 해 나가야 한다고 생각합니다.

짧은 지식에 이런 논리를 정의 하라면 참 힘들어요ㅠ
해리컴티하면 즐거운 곳 행복한곳 안전한곳 돈도 벌고 공부하고 놀 수 있는 곳으로 만들어가는 커뮤니티 금상첨화입니다 ㅎㅎ
각자의 개성들이 강한 곳이다 보니 시기 질투와 상처가 많은 곳이기도 합니다. 항상 소통하면서 서로의 장점을 부각시키면서 단점들은 보안하면서 좋은점들보면서 서로 안아주고 함께하면 좋은 커뮤니티 방이 되지 않겠어요 진정 사랑이 있는 커뮤니티가 되길 기도 응원합니다

'나'가 아닌 '우리'가 함께 만들어가고 키워 나가는 것이 커뮤니티라 생각한다.

커뮤니티는 개인 개인의 다양한 꿈들을 이루는데 지원(지식, 동기부여)을 받을 수 있는 따뜻함을 추구해야 한다

※ 익명 인터뷰 답변을 가감 없이 100% 있는 그대로 가져온 전문입니다.

커뮤니티에 대한 구성원들의 익명 인터뷰 1 (출처: 해리컴티)

커뮤니티 운영자

CHAPTER 3

운영자(Community Operator) : 리더가 되는 길

커뮤니티 운영자는 팀이나 기업 혹은 한 명의 리더가 될 수도 있다. 팀일 경우에는 모두가 각자 담당파트를 정해서 커뮤니티 매니저가 돼 커뮤니티를 운영해야 할 것이다. 즉 누구 한 명이 맡아서 소통할 것이 아니라 운영자 포지션이라면 모두가 다 함께 소통에 참여해서 커뮤니티의 상호작용성을 높여야 할 것이다. 기업의 경우에는 직접적인 운영이 매우 어려울 가능성이 크다. 그래서 커뮤니티 운영을 아웃소싱(Outsourcing)하는 경우가 있는데, 이건 내가 제일 추천하지 않는 방식이다.

반복적으로 이야기하지만 커뮤니티는 운영자가 직접 운영하고 소통해야 그 진가가 발휘된다. 커뮤니티라는 것이 앞으로 더욱더 문화적으로 확산하고 나면, 개개인의 작은 커뮤니티부터 성공한 찐팬 커뮤니티까지 정말 다양한 커뮤니티가 형성될 것이다. 지금부터 이야기를 나눌 커뮤니티의 운영자에 대해서는 1인 운영자, 리더에 중점을 두고 이야기하려고 한다.

커뮤니티 운영자 즉, 리더가 되기 위해서는 정말 다양한 소양이 필요하다고 생각한다. 커뮤니티는 하나의 작은 사회이다. 정말 다양한 사람들이 모이게 되고, 늘 예상치 못한 일들이 일어나기 마련이다. 이때 아무리 외부에서 공격하고 커뮤니티에 타격감을 주더라도, 리더만큼은 절대 흔들리면 안 된다. 리더가 흔들리는 즉시 커뮤니티는 위기 상황에 돌입한다고 보면 된다. 그래서 커뮤니티를 운영하는 리더는 운영기획 능력 보다 그 이상으로 자신의 멘탈관리를 가장 중요하게 여겨야 하며, 항상 건강한 마인드를 유지해야 한다. 그리고 커뮤니티에 늘 멋진 비전과 목표를 제시할 수 있는 능력을 길러야 한다.

커뮤니티 운영자는 커뮤니티의 목적과 방향성을 정확하게 제시할 수 있어야 하며, 이를 위해서는 운영자가 우선으로 커뮤니티 운영 목적을 분명하게 이해해야 하고, 꾸준히 구성원들과의 대화를 통해 구체적인 목표를 지속적으로 설정할 필요가 있다. 커뮤니티 운영의 기본 원칙으로 운영자는 기본적으로 소통 능력을 갖춰야 함을 절대 잊어서는 안 된다. 리더가 소통 능력이 없으면 커뮤니티의 활성화와 멤버 간의 상호작용이 힘들어진다. 이는 자연스레 커뮤니티의 성장과 발전을 방해하는 요소로 작용할 것이다.

리더는 커뮤니티 구성원들의 의견이나 제안을 적극적으로 수용할 줄 알아야 하며, 이를 적절하게 커뮤니티에 반영하면서 커뮤니티를 지속적으로 발전시켜 나갈 의무가 있다. 사람들이 다양한 커뮤니티 활동 중에서 꼭 활동하고 싶은 커뮤니티를 선택할 때 결국엔 리더를 보고 선택한다. 지속가능한 커뮤니티는 운영하는 방법론도 중요하지만 결국 누가 어떻게 운영하느냐가 더 중요하다.

리더의 커뮤니티 운영 마인드

기본적으로 리더가 지녀야 할 덕목과 능력이 몇 가지 있다. 리더는 자신의 '역량을 계속해서 발전'시켜야 할 의무가 있다. 이를 위해서는 새로운 시작과 경험을 적극적으로 수용하고, 자기반성과 자기 계발에 노력해야 한다.

리더는 복잡한 문제를 분석하고 해결할 수 있는 '통찰력' 또한 필요하다. 통찰력이 하루아침에 길러지는 것은 아니다. 하지만 경험상 일정 수준 이상의 데이터가 머릿속에 쌓였을 때, 어느 순간부터는 문제를 만났을 때 이를 종합적으로 판단 후 해결하는 방법이 자연스레 떠오르게 된다. 그러기 위해서는 정말 다양한 정보와 자료를 수집하고, 분석하는 상당한 노력 또한 필요하다.

리더는 다른 사람보다 강한 '자기 조절력'이 필요하다. 커뮤니티를 운영하다 보면 리더도 사람인지라 감정이 올라올 때가 분명히 있다. 하지만 그 감정을 느껴지는 대로 모두 내 비추고 표현해버리면 커뮤니티 구성원들의 리더에 대한 신뢰가 흔들릴 가능성이 크다. 이 또한 스스로 조절하는 연습이 필요하고, 감정적인 상황 속에서도 균형 잡힌 의사결정을 내리는 능력이 필요하다.

리더는 무엇보다 다른 사람들을 이끌어가는 '리더십'이 필요하다. 리더십은 사실 어느 정도 타고나는 기질이 있는 것은 분명한 것 같다. 하지만 나는 리더십도 노력으로 키워나갈 수 있다고 생각한다. 3년 전 공부하기로 마음먹고 가장 먼저 한 일이 '그릇 키우기 프로젝트'였다. 아버지께서 말씀하시길 '성공을 좇기보다는 성공하는 사람이 되기 위한 노력을 해라'라고 하셨다. 그때 당시 나는 한 스타트 업을 이끌 만한 그런 리더로서 그릇이 되기에는 아직 많이 부족하다고 느꼈고, 그때부터 온갖 챌린지로 자기 계발을 하는 것에 시간을 쏟아 부었다.

'1년 동안 훈련하고 노력하면 DNA 인자가 바뀐다'는 이야기가 있다. 그래서 그릇이 작으면 찢어서라도 늘리겠다는 각오로, 성공하는 사람의 DNA가 내 몸에 흐를 때까지, 정말 엄청난 노력을 했던 기억이 난다. 공부도 체력이라는 생각에 하루에 스쿼트 100개씩 1일 1운동을 하며 체력관리도 했었고, 그때 당시 회사에 다닐 때였는데 출근 준비 시간 1시간 전에 더 일찍 일어나서 새벽마다 1시간씩 독서하고 나갔던 기억이 난다. 출퇴근길에는 늘 귀에 이어폰을 끼고 성공한 훌륭한 분들의 이야기를 듣고 다니거나, 경제 라디오를 들으며 다녔다.

내가 부모님 다음으로 존경하는 사람 중 한 명이 '스노우폭스'의 김승호 회장님이다. 그분의 '돈의 속성'이라는 책을 몇 번을 줄 치고 포스트잇을 붙여가며 읽었는지 모른다. 그리고 책에서 조언하는 '아침 공복에 물 한잔, 이불 개기, 기지개 펴기, 취침·기상 지키기'로 이 4가지 부자 습관부터 지켜보자 해서 1년은 유지했던 것 같다.

마지막으로 '100일 100번 쓰기'라는 것이 있는데, 간절하게 원하는 문구를 하루에 100번씩 100일 동안 손으로 쓰는 챌린지다. 벽에다가 전지를 붙이고 매일 아침에 잠에서 깨자마자 벽에 100일 100번 쓰기부터 시작했다. 100일이 되는 날 마지막 100번 쓰기를 하고 그 벽 앞에서 엉엉 울었던 기억이 남는다. 정말 간절하게 이뤄졌으면 하는 목표를 늘 상기시키려고 했던 노력이 주마등처럼 스쳐 지나가서 그랬던 것 같다. 100일이 지나고 보니 깜지처럼 글씨로 전지를 가득 채운 종이가 6장은 나왔다.

내가 지금 '난 엄청난 리더쉽을 지닌 대단한 사람이다'라는 말을 하고자 하는 것이 아니다. 적어도 이 정도 이상의 노력은 해야 성공한 훌륭한 리더들의 발끝만큼이라도 따라가지 않겠냐는 말을 하고 싶은 것이다. 물론 나도 성장하며 갈 길이 한참 먼 사람 중의 한 사람이다. 이 외에도 리더는 커뮤니티 멤버들의 신뢰를 얻기 위해서는 항상 '정직'하고 '성실한 태도'로 행동해야 하며, 다른 사람들을 '존중'하고 '배려'하는 태도를 보여야 한다.

리더만큼은 '높은 목표'와 '성취욕'을 지녀야 한다고 생각한다. 그래야 커뮤니티를 운영할 때 커뮤니티 실력을 끊임없이 성장시키고 싶어 하는 욕구가 형성되지 않을까? 그때 비로소 커뮤니티 구성원들도 리더의 인성과 행동력, 실력과 높은 목표 그리고 비전을 보고 그에 동의하고 따르지 않을까 싶다. 그러다 보면 어느새 커뮤니티가 지속적으로 운영되고, 커뮤니티 멤버들 간의 돈독한 관계 형성으로 유지되지 않을까 생각한다.

나는 시스템 메이커다

사람들은 나를 부를 때 보통 '해리 님' 또는 '해리 쌤'이라고 부른다. 나는 나의 이름을 불러주는 것이 참 좋다. 나이 불문하고 이름을 불렀을 때 비로소 평등하고 수평적인 관계가 형성되는 기분이 든다. 해리컴티에서 나를 부를 때 내가 유일하게 좋아하지 않는 단어가 하나 있다. '대표님'. 난 우리 커뮤니티 식구들에게만큼은 그저 '해리'이고 싶다. 그 이상, 그 이하도 아닌. 나는 분명 해리컴티를 만든 운영자도 맞고, 식구들을 이끄는 리더도 맞지만, 그렇다고 해서 결코 수직관계 또는 왕 놀이하고 싶은 생각은 1도 없다. 그건 내가 생각하는 이상적인 커뮤니티도 아니고, 내가 생각하는 DAO도 아니다.

난 그저 해리컴티의 '시스템 메이커(System Maker)'가 되고 싶다. '리더'에게 기대는 커뮤니티가 아니라, 커뮤니티의 '시스템'에 기댈 수 있는 커뮤니티를 완성하고 싶다. 내가 만들어 놓은 커뮤니티 시스템 속에서 해리컴티 식구들이 지속적으로 크리에이터로서 성장하고, 이 안에서 멋진 사업가도 탄생하고, 영향력 있는 인플루언서로 성장하기도 하고, 커머스 시장에서 버금가는 셀러가 탄생하기도 하고, 누군가를 멋지게 가르치는 교육자로도 성장했으면 한다. 그리고 커뮤니티가 성장하도록 열심히 기여하는 구성원들에게는 합당한 보상이 돌아가는 체제를 시스템으로 완성하고 싶다.

　우리 커뮤니티에는 온라인세상에서 본인들 만의 탈출구를 찾고 싶어 하는 분들이 많이 있다. 해리컴티가 어서 멋지게 성장해서 우리 식구들에게 다양한 기회를 찾아주고, 연결해주고, 성장을 도와주는 든든한 큰 울타리가 됐으면 좋겠다. 커뮤니티 운영자는 꿈을 꾸더라도 커뮤니티 구성원들과 함께 걸어가며 성장하는 꿈을 꾸는 게 맞지 않을까? 적어도 지속가능한 커뮤니티 운영을 원한다면 말이다.

Part 2

커뮤니티 구성원

구성원들의 역할과 책임 분담

CHAPTER 1

커뮤니티 운영자, 리더 (Community Operator, Leader)

커뮤니티가 성장함에 따라서 커뮤니티는 자연스레 조직화 단계에 들어가게 된다. 커뮤니티가 커질수록 리더가 직접 소통을 유지하는 것이 어려워지며, 커뮤니티 구성원의 수가 증가할수록 관리가 복잡해진다. 구성원의 수 외에도 커뮤니티 구성원의 활동성, 커뮤니티 목적과 활동의 복잡성, 커뮤니티의 문제상황 등 여러 가지 요인이 영향을 미칠 수 있다. 따라서 리더는 커뮤니티 상황에 따라 적절한 인원에 맞는 방법으로 소통과 관리를 유지하는 것이 중요하다. 커뮤니티 리더는 커뮤니티의 전반적인 운영과 관리를 총괄하는 역할을 하게 된다. 커뮤니티의 목적과 방향성을 제시하고, 늘 커뮤니티 구성원들의 행동이 커뮤니티의 목적과 방향성에 부합하고 있는지를 확인해야 한다.

커뮤니티 구성원들에게 제시하기 전 리더는 늘 미리 비전과 전략을 수립해야 하는데, 이때 리더가 커뮤니티의 목표를 명확하게 설정하고 세부 전략을 수립해야 한다. 커뮤니티의 목표가 희미할수록 커뮤니티 구성원들의 활동성과 믿음이 점차 줄어들 것이다. 또한 커뮤니티 운영을 위한 시스템을 지속적으로 구축하고 유지보수를 반복해야 한다. 그러기 위해서는 주기적으로 커뮤니티 시스템을 검토하고, 구성원들의 경험을 개선할 수 있는 새로운 기능들을 추가하거나, 문제가 야기될 만한 것은 사전에 체크하고, 문제를 해결할 수 있는 방법을 찾아야 한다.

이 과정 중에 커뮤니티 구성원들의 '피드백'과 '제안을 수집'하는 것이 매우 큰 도움이 된다. 시스템 구축을 위해서는 새로운 기술과 시장의 동향에 대해 계속해서 학습하고, 기능들을 커뮤니티 내에 적용할 수 있는 방법을 찾아야 한다. 커뮤니티 리더는 조직화 단계에 들어갔을 때 팀원들과 협력해 커뮤니티 운영을 진행해야 한다. 그래서 팀 구성을 할 때 팀과의 소통과 역할 분담이 매우 중요하다. 늘 커뮤니티의 비전과 방향성에 대해서 잦은 대화를 나눠야 하며, 커뮤니티 내에서 일어나는 이슈들에 대해서도 팀 내에서 별도로 토론할 필요가 있다. 리더도 사람이기 때문에 실수 할 수 있는데 팀원들과 한 번 더 논의한 후에 커뮤니티 멤버들과 소통하게 되면 실수를 최소화할 수 있다.

나 역시도 해리컴티의 커뮤니티 매니저들에게 정말 많은 도움을 받는다. 커뮤니티를 운영하면서 발생하는 이슈들에 대한 대처 이전에 매니저님들의 조언을 많이 얻는다. 집단지성이라 했는가? 지혜로운 팀원들을 만나게 되면 커뮤니티의 발전 가능성은 리더가 혼자 운영할 때보다 배가된다. 그러므로 커뮤니티 리더는 훌륭한 커뮤니티 매니저들을 만나는 것 또한 정말 중요하다.

커뮤니티 매니저(Community Manager)

보통 웹3.0 커뮤니티에서 'CM'이라 하면 '커뮤니티 매니저'를 일컫는다. '커뮤니티 모더레이터'를 지칭할 때도 있는데, 나는 커뮤니티 매니저와 모더레이터 영역을 확실하게 나눠서 조직화를 했다. 실제로 커뮤니티 조직을 운영한 경험을 바탕으로 이야기해보려 한다.

커뮤니티 매니저들은 커뮤니티 리더를 탄탄하게 받쳐주는 역할을 하며, 동시에 커뮤니티 내에서 멤버들 간의 상호작용을 원활히 하도록 도와주는 역할을 하게 된다. 리더가 열심히 커뮤니티 시스템을 구축한다면, 커뮤니티 매니저들은 그 시스템이 잘 돌아갈 수 있는 윤활제 역할을 한다고 보면 된다. 리더는 커뮤니티의 전체적인 숲을 보는 역할을 한다면, 커뮤니티 매니저들은 그 안에 세워져 있는 나무한 그루 한 그루의 상태를 체크하는 역할을 한다. 커뮤니티의 매니저 역할을 지정할 때는 커뮤니티 내에 인력이 필요한 분야를 선 체크 한 뒤, 각각 분담하는 것을 추천한다.

해리컴티의 경우 분야별로 총 5명의 커뮤니티 매니저가 운영진으로 존재한다. 조직화 단계 이전에 커뮤니티를 해리컴티가 지닌 성격에 따라 대표적인 5가지 분야로 세분화시켰고, 분야마다 매니징을 잘 해줄 매니저들을 선별했다.

첫 조직화 단계에서 선정했던 운영진은 실패로 돌아갔고, 두 번째 조직화 단계에서 비로소 뜻이 잘 맞는 매니저들을 만나서 이제야 제대로 된 원팀이 완성됐다. 처음 운영진 팀을 구성했을 때는 커뮤니티 구성원들 내에서 자발적 지원을 통해 모집했다. 지원한 모든 매니저가 해리컴티가 가고자 하는 방향성에 동의한다고 생각했었고, 이들이 나를 도와줄 지원군이라 생각하고 첫 팀에 많은 애정을 쏟아부었다.

하지만 믿었던 사람에게서 크게 배신당하는 일은 어찌 보면 필수로 겪어야 할 경험이었을까! 커뮤니티를 운영하다 보면 늘 예상치 못한 곳에서 비수가 날아올 경우가 분명히 있을 것이다. 그러니 커뮤니티 리더들은 늘 사람을 곁에 둘 때는 말보다는 행동을 보고 사람을 선택하길 바란다. 안 그러면 커뮤니티 운영이 정말 힘들어질 수 있다. 사람의 진짜 진심은 말이 아니라 행동에서 보여지기 때문이다.

감사하게도 크게 마음의 상처를 한 번 받고 난 이후, 사람을 보는 기준이 조금 더 또렷해졌다. 이다음 조직을 꾸릴 때는 듣기 좋은 달콤한 말만 하는 사람보다는 대화와 행동에서 진심이 보여지면서 동시에 훌륭한 인성을 지녔는가를 최우선으로 보았다. 그들이 얼마나 해리컴티에 진심이고 애정 어린 마음이 있는지를 보았다.

최대한 앞뒤가 동일한 솔직 담백한 사람을 찾고 싶었다. 뒤에서 다른 행동을 하는 사람은 결국 다 들통나게 돼 있었다. 커뮤니티 리더들은 꼭 명심해야 한다. 사람을 선정할 때 특히 커뮤니티 매니저를 선정할 때는 정말로 신중해야 한다.

지금부터 간단하게 해리컴티 커뮤니티 매니저들의 역할 분담을 소개해보겠다. 첫 번째로, 지역별 모더레이터를 별도로 매니징 해줘서 커뮤니티 내의 주요 공지사항을 매일 체크해주고, 주요 이슈를 상기시켜주는 '모더레이터 매니저'가 있다. 모더레이터 매니저가 커뮤니티 구성원들에게 한 번 더 리마인드 해주는 일이 리더에게 얼마나 고마운지 일인지 모른다. 덕분에 커뮤니티 멤버들이 커뮤니티에 오늘은 무슨 이슈가 있는지, 어떤 스케쥴이 있는지 이중 체크가 됐다. 매니저가 있기 전에는 내가 직접 하나하나 일을 처리해야 하기 때문에 시간이 정말 많이 소요됐는데, 덕분에 그 시간이 많이 단축됐고 나는 더 큰 일을 위해 움직일 수가 있게 됐다.

두 번째로, '크리에이터 콘텐츠 매니저'가 있다. 해리컴티는 숏폼 콘텐츠크리에이터 커뮤니티이다. 해리컴티 크리에이터들의 역량을 강화해주고, 콘텐츠 제작 시 질의응답에 그 누구보다 전문적으로 답변을 해주는 매니저이다. 크리에이터 콘텐츠 매니저 덕분에 해리컴티 크리에이터들의 영상 편집실력도 많이 늘었다. 이처럼 해리컴티는 지속적으로 크리에이터들의 실력을 늘릴 수 있는 시스템과 조직 운영 및 기획을 탄탄하게 준비해서, 다양한 방향성의 크리에이터 영역으로 확장해 보고자 한다. 크리에이터 콘텐츠 매니저 덕분에 해리컴티 크리에이터들의 성장이 정말 기대된다.

세 번째로, '에듀케이션 매니저'이다. 해리컴티 크리에이터들은 다양한 방향성으로 개인의 능력을 향상시키고자 하는 니즈가 있는데, 그중 한 분야가 강사 크리에이터다. 에듀케이션 매니저는 이미 디지털 튜터로서 다양한 디지털 교육 이력을 보유하고 있다. 그리고 강사를 양성하는 강사로서도 탁월한 능력을 지닌 분이기에 앞으로 해리컴티 안에서 성장하게 될 강사 크리에이터 양성에 큰 도움을 줄 매니저이다. 게다가 정해진 역할이 있다고 해서 커뮤니티에서 소통을 안 하는 건 아니다. 오픈채팅방 안에서 커뮤니티 구성원들의 다양한 문의 글이 올라왔을 때, 이해하기 쉬운 언어로 바로 대처해주는 역할도 함께 한다. 참 감사하다.

네 번째로, '바이럴 매니저'이다. 해리컴티는 SNS에서 시작한 온라인상의 커뮤니티이다. 해리컴티가 빠르게 성장하고 영향력을 키워나갈 수 있었던 이유는 그 누구보다 해리컴티를 진심으로 믿어주고, 커뮤니티의 실력을 주변에 많이 알리는 역할을 해준 매니저가 있었기 때문이라고 생각한다. 우리 바이럴 매니저는 부산지역에서 4060세대 사이에서 영향력 있는 인플루언서이다. 그리고 부산 특유의 결속력을 더 단단하게 묶어주는 역할을 해주고 있다. 해리컴티는 서울지역 다음으로 부산지역이 두 번째로 크다. 부·울·경이라고 부산, 울산, 경남권의 해리컴티 지역 오픈채팅방을 별도로 운영하고 있다. 또한 매니저의 다양한 경험에서 우러나오는 지혜로운 혜안 덕분에 내가 한쪽으로 치우치지 않는 결정을 하는 데 큰 도움을 주고 있다.

마지막으로, '엑셀러레이터 매니저'이다. 엑셀러레이터 매니저는 본업 자체가 엑셀러레이터이다. 엑셀러레이터는 스타트업이나 창업자들이 비즈니스 아이디어를 구체화하고, 성장을 가속하기 위해 지원하는 프로그램으로 알려져 있다. 주로 기업가정신, 비즈니스 모델, 시장진입전략, 마케팅, 자금 조달 등 스타트업 창업 및 성장 과정에서 필요한 다양한 지식, 기술 전문가 네트워크, 자금 등을 제공한다. 또한 이를 통해 성장을 가속화하고 성공적인 비즈니스를 구현할 수 있도록 지원한다. 해리컴티의 엑셀러레이터 매니저는 위와 같은 일을 본업으로 하고 있으며 앞으로 해리컴티를 좀 더 성공적인 모델로 구체화하는 데 있어서 함께 할 예정이다.

이처럼 제대로 된 조직화 단계를 마치면 리더는 커뮤니티 운영에 쓰던 풀 에너지를 조금은 분배를 할 수 있다. 그리고 세이브 된 남은 시간과 에너지는 커뮤니티를 더욱 성장시킬 수 있는 활동에 집중할 수 있게 한다.

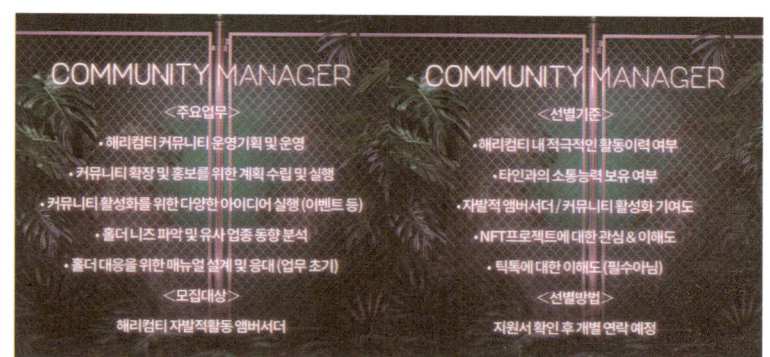

해리컴티 커뮤니티 매니저 모집공고

해리컴티 커뮤니티 매니저 발표 공지 카드 뉴스

모더레이터(Moderator)

'모더레이터'라는 단어 자체가 매우 생소할 수 있다. 모더레이터는 온라인 커뮤니티에서 특정한 권한을 부여받은 구성원으로서, 커뮤니티의 질서와 규칙을 유지하며 구성원들이 편안하게 활동할 수 있는 환경을 조성하는 역할을 맡는다. 커뮤니티 내에서 모더레이터는 일반적으로 관리자와 매니저의 하위 직책으로 볼 수 있다. 커뮤니티 매니저는 커뮤니티의 방향성과 전략을 관리자와 함께 결정하고, 이를 실행하기 위한 계획을 함께 세우는 역할을 한다.

반면에 모더레이터는 커뮤니티에서 질서와 안전을 유지하고, 커뮤니티의 규칙을 시행하는 역할을 한다. 특히 커뮤니티에서의 대화나 게시물에서 문제가 되는 내용을 발견하면, 이를 매니저나 관리자에게 알리는 역할을 한다. 또한 커뮤니티 구성원들 간의 갈등이나 불만 사항을 조율하고, 소통을 원활하게 유지하는 역할을 한다.

해리컴티에는 총 12명의 모더레이터가 있다. 11명은 지역 담당 모더레이터이고, 1명은 특수한 팀의 리더를 맡겼다. 해리컴티의 식구들은 모두가 크리에이터인 만큼 다들 콘텐츠 제작에 매우 적극적이다. 내가 커뮤니티를 운영하다가 가장 놀라우면서도 재미있었던 현상은 바로 '오프라인 커뮤니티'의 활성화였다.

해리컴티는 온라인에서 시작한 커뮤니티인 만큼 전국 지역마다 모여있을 수밖에 없었다. 그런데 어느 순간 커뮤니티에서 소통이 활발하게 이뤄지고, 소속감이 생기는 시점이 오자 시키지도 않았는데 지역마다 자발적으로 오프라인 모임이 활성화되기 시작했다. 가장 먼저 오프라인 모임이 시작됐던 지역이 바로 부·울·경 지역이었는데, 이에 질세라 전라도, 충청도, 서울, 경기도 지역 등 전국 각지에서 오프라인 모임이 추진됐다.

그렇게 전국에 '숏폼 콘텐츠 데이'가 만들어졌다. 3060 해리컴티 크리에이터들은 오프라인으로 모여서 단체 숏폼을 찍기 시작했고, 오프라인으로 만난 이후로 더욱더 강한 결속력과 친밀한 소통이 이뤄지기 시작했다. 모더레이터는 커뮤니티 매니저의 조직단계를 거쳐 그 사람 다음에 선발했다. 해리컴티에서 활발하게 활동을 해온 크리에이터들을 대상으로 지역별로 공개 모집을 했다. 서울 1명, 인천 1명, 경기 북부 1명, 경기 남부 1명, 강원도 1명, 충청도 1명, 전라도 1명, 대구 1명, 부·울·경 2명, 제주 1명 이렇게 지역별 모더레이터가 총 11명이다.

해리컴티 모더레이터들에게는 특별한 월미션이 주어졌다. 한 달에 최소 한 번, 각 지역에 있는 해리컴티 크리에이터들을 오프라인에서 만나 콘텐츠를 찍던, 웹3.0 스터디를 하던, 자발적 모임을 추진해야 한다. 이유는 커뮤니티 지역 모임 활성화를 위해서다. 11명의 모더레이터를 선정한 이후, 커뮤니티의 소속감과 모더레이터라는 역할 부심이 느껴질 수 있도록, 각자의 NFT PFP가 담겨 있는 웹3.0형 스타일의 명함을 그들 모두에게 제작해줬다. 명함을 받은 모더레이터들로부터 "소속감을 느끼게 됐고 자부심이 생겼다"라며 자랑하는 사진들로 피드백을 건네 왔을 때 정말 감동이었다.

해리컴티의 특수한 팀을 하나 소개하려 한다. 바로 '시니어팀'이다. 이 팀을 이끄는 모더레이터는 바로 우리 커뮤니티의 자랑이자 최고 왕언니, 올해 나이로 78세이신 시니어 크리에이터 '벨라님'이시다. 해리컴티는 사실 3060세대 그 이상의 연령대로도 구성돼 있다. 커뮤니티에서 공부하는 내용들이 절대 쉽지 않은 웹3.0 내용들이지만, 나이는 숫자에 불과하다는 것을 시니어팀이 증명했다.

벨라님은 작년에 해리컴티에 크리에이터 수업을 들으면서 합류했고, 내가 진행하는 모든 웹3.0 스터디에 다 참여했다. 열심히 공부한 결과 메타마스크 가상지갑 이용부터 크립토 가상화폐 거래소 이용,

트랜잭션 개인 간 거래, 오픈씨 NFT마켓플레이스 이용, NFT 민팅 등 이 모든 것을 다 할 줄 안다. 모의민팅 참여부터 화이트리스트 민팅, 퍼블릭 본 민팅까지 직접 참여하고 최종적으로는 홀더가 되었다. 벨라님은 배움에 있어서 나이란 정말 중요하지 않다는 것을 보여준 대표적인 사례이다.

사실 추가적인 특수 지역 모임이 하나 더 있다. 바로 '해외팀'이다. 이들은 미국, 중국, 노르웨이, 영국 등에서 해리컴티 온라인 모임에 참여한다. 해외팀은 오프라인 모임 추진이 너무 어려워서 모더레이터는 별도로 선별하지 않았다. 이처럼 각 지역에 모더레이터들을 배치해 놓은 결과, 커뮤니티 내의 규칙과 질서가 잡히기 시작했다. 운영진이 즉각적인 소통이 어려울 때는 모더레이터들이 그 자리를 충분히 메꿔주고 있다.

또 한 가지 감동적인 건, 시간이 지나니까 모더레이터 매니저와 모더레이터들 간의 자발적 소통을 통해 '디스코드, 공식 오픈채팅방, NFT 홀더채팅방' 세 개의 공간을 모더레이터들마다 책임지는 파트가 생겼고, 파트마다 모더레이터들이 시간도 3교대로 나눠 담당했다. 그래서 지금은 커뮤니티 내에 중요한 공지 사항은 내가 없는 순간에도 각각의 채널에 잘 공지되고 있다. 나는 가장 메인이 되는 주요 공지사항을 디스코드와 인스타그램에만 공식적으로 업로드한다. 이처럼 모더레이터는 커뮤니티 운영에 있어서 정말 중요한 존재이다.

본인들은 모더레이터를 하기에 부족한 사람들이라고 말하지만, 내 눈에는 아주 소중하고 감사하며 없어서는 안 될 중요한 존재들이다. 어떻게든 미션을 수행하려 노력하고, 한두 명 소수라도 오프라인으로 만나서 추억을 쌓고 책임을 다하려는 모습을 보고 있으면, 그렇게 마음이 뭉클할 수가 없다.

그들은 모른다. 자신들이 얼마나 성장하고 있는지를. 조용히 소리 내지 않고 커뮤니티에 소속만 돼 있을 때랑 비교해보면 정말 얼마나 큰 발전을 이루고 있는지 모를 것이다. 자리가 사람을 만든다고 했던가? 그렇게 맡은 바 역할을 통해 조금씩 역량을 쌓아 올리는 것이다. 처음부터 완벽한 사람이 없고, 처음부터 소통의 신(神)인 사람이 없다. 다 과정 중에 성장하는 것이고, 과정 중에 배우는 것이다. 나는 나의 모더레이터들을 진심으로 믿는다.

커뮤니티 운영자들이 모더레이터를 선정할 때는 다음의 두 가지 항목은 꼭 보고 선정하기를 추천한다.

첫 번째, 본인이 몸담은 커뮤니티에 얼마나 진심이고 애정을 지니고 있는지이다. 특히 진심으로 본인의 노력이 커뮤니티 성장에 기여되기를 바라는 마음이 있는지에 대한 여부는 커뮤니티 활동에 엄청난 차이를 가져다 준다. 두 번째, 커뮤니티 구성원들 간에 원활하고 적극적인 소통이 가능한 소통 능력을 지니고 있는지이다. 만약에 NFT 프로젝트팀이라면 해당 NFT를 지닌 홀더인지를 먼저 판단할 것을 추천한다. 결국 커뮤니티 매니저와 모더레이터가 서로 협력해서 커뮤니티의 성장과 안정적인 운영을 도와주는 역할이므로, 리더는 이들을 최우선으로 존중하고 신뢰해야 한다.

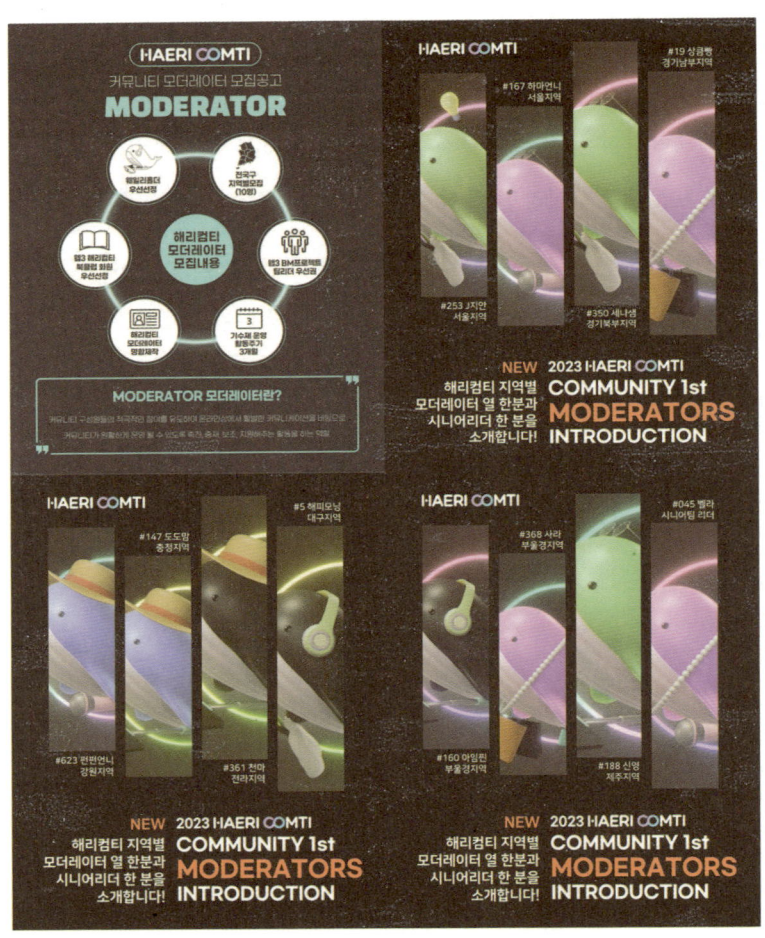

해리컴티 모더레이터 모집공고 / 발표공지 카드뉴스

일반 구성원(General Member)

커뮤니티는 결국 커뮤니티 내에서 상호작용을 하는 일반적인 구성원들, '멤버'들이 제일 중요하다. 커뮤니티에 아무리 뛰어난 리더가 있고, 매니저가 있고, 모더레이터가 있을지라도 결국 그 커뮤니티에 머무르고 활동하는 멤버들이 없다면 무슨 소용이겠는가? 결국 커뮤니티의 목적과 방향성에 부합하며, 함께 커뮤니티를 만들어 나갈 멤버들이 가장 소중한 존재다. 그러니 절대 커뮤니티 구성원들을 돈으로 보지 마라. 커뮤니티에 모인 사람들을 특정 서비스를 쓰게 하려는 대상으로, 혹은 그들이 갖고 있는 물건을 팔게 하기 위한 대상으로만 생각하고 바라보면 결코 지속가능한 커뮤니티를 완성할 수 없다.

그 특정 서비스보다 더 나은 서비스가 나타나게 된다면 어떻게 할 것인가? 그 물건보다 더 좋은 상품이 시중에 나타나게 된다면 과연 어떻게 될까? 당연히 커뮤니티 멤버들의 참여율은 점차 떨어지면서 결국엔 다른 서비스로 갈아타게 될 것이다. 커뮤니티가 지속할 수 있도록 운영하기 위해서는 결국 커뮤니티 구성원들이 자발적으로 참여하고, 활발한 활동을 통해 발전해 나가는 구조를 이뤄나가는 것이 중요하다.

커뮤니티 볼륨이 커져서 커뮤니티의 영향력이 생기고, 커뮤니티 가치가 높아져서 외부에서 결국 인수·합병이나 엑시트(매각) 제의가 생긴다면 후다닥 처리하고 수익 창출을 선택할 것인가? 그렇다면 그 커뮤니티는 무엇을 위한 커뮤니티라고 말 할 수 있을까?

내가 생각하는 커뮤니티는 성장할수록 구성원들과 더욱더 같이 갈 수밖에 없는 모델로서 커뮤니티가 돼야 한다는 것이다. 커뮤니티 구성원들도 이를 깨달았을 때 더 적극적으로 커뮤니티 활동에 임할 것이고, 커뮤니티와 무언가를 함께 하고 싶어 할 것이며, 커뮤니티 안에서 꿈을 꿔 나갈 수 있지 않을까 싶다.

커뮤니티가 그 자체로도 의미 있는 목적과 가치를 지니고 있으면 물론 좋겠지만, 그 안에 있는 멤버들의 참여와 활동을 통한 가치 창출이 형성될 때, 더욱 힘 있는 의미를 품지 않겠는가! 그래서 커뮤니티는 멤버들이 모여서 서로의 지식·경험·관심사 등을 공유하고 상호작용하는 공간으로 멤버들 간의 활발한 소통과 상호작용이 이뤄져야 한다.

멤버들에게 다양한 역할을 부여해 그들이 참여하기에 적극적인 환경을 조성하는 것도 중요하다. 예를 들어, 특정 분야에서 전문가나 리더 역할을 하는 멤버들은 자기 경험과 지식을 공유해 다른 멤버들에게 도움을 주는 역할을 수행할 수도 있다. 일반 멤버들은 커뮤니티 내에서 활발한 의견 교류와 토론을 통해 커뮤니티의 활성화에 기여할 수 있다.

커뮤니티 또한 멤버들의 관심사나 필요에 따라 다양한 활동과 이벤트를 기획하고 진행해 멤버들이 더욱 적극적으로 참여할 수 있도록 돕는 임무를 수행해야 한다. 커뮤니티는 멤버들의 소통과 공유를 위한 공간이 돼야 할 것이며, 서로에게 도움을 주고받을 수 있는 장소가 돼야 한다. 또한 커뮤니티 입장에서는 구성원들의 이익을 존중하고, 서로를 존중하며 상호작용할 수 있는 환경을 제공해야 한다.

단, 커뮤니티가 이렇게 멤버들에게 진심일 때는 커뮤니티 구성원들도 반드시 지켜야 할 덕목들이 있다. '호의가 지속되면 권리인 줄 안다'라는 영화의 명대사가 있다. 커뮤니티가 이런 존재가 돼서는 안 된다고 생각한다. 커뮤니티 구성원들은 커뮤니티에서 제공하는 다양한 혜택과 기회들이 당연하다고 여겨서는 안 된다. 반면 커뮤니티를 같이 만들어 나가고, 커뮤니티의 성장과 발전을 위해 기여하는 멤버들에게는 이에 합당한 보상체제 시스템이 돌아가야 한다.

이 시스템에 대해서는 뒤에서 좀 더 다뤄 보도록 하겠다. 중요한 것은 커뮤니티 멤버들도 커뮤니티 안에서 성장한 만큼, 커뮤니티가 더 성장하고 발전할 수 있도록 기여해야 선순환 구조로 돌아간다는 말이다.

멤버가 커뮤니티 내에 직접적으로 기여할 수 있는 것이 없다면, 커뮤니티 존재를 외부에 알리는 활동을 통한 기여도 가능하다. 커뮤니티 멤버들이 느끼기에 커뮤니티에 속해 있는 것이 정말 좋다고 느껴진다면, 좋은 것을 외부에 적극적으로 알리는 역할을 하는 '자발적 앰버서더'가 되면 된다. 사실 그게 가장 큰 기여일 수도 있다.

커뮤니티는 결국 심플한 논리로 돌아간다. 복잡하게 생각할 것도 없다. 커뮤니티 운영자는 커뮤니티의 구성원들이 커뮤니티 안에 속해 있다는 것이 좋다고 느껴질 수 있도록 건강한 커뮤니티 문화와 시스템을 구축하면 된다. 커뮤니티 매니저와 모더레이터들은 커뮤니티의 성장이 곧 나의 성장이라는 마음으로 적극적으로 커뮤니티 구성원들이 더욱더 열심히 커뮤니티 활동에 참여할 수 있도록 도움을 주는 브릿지 역할을 하면 된다.

그리고 커뮤니티 구성원들은 커뮤니티에 속해 있으므로 인해서 자기 성장과 발전하고, 자연스레 커뮤니티 소속감이 자랑스럽다고 느끼면 된다. 그리고 본인이 느끼는 그 감정과 본인이 누리고 있는 다양한 혜택과 기회들을 더 많은 사람이 누릴 수 있도록 자발적으로 외부에 알리는 앰버서더가 돼주면 된다.

받기만 할 줄 안다면 결국 주는 사람도 지치게 돼 있다. '함께'라는 가치가 가장 빛나는 곳이 바로 커뮤니티라고 생각한다. 이 본질을 커뮤니티에 있는 모든 구성원이 잊지 않았으면 좋겠다.

해리컴티 커뮤니티 멤버들의 생각 공유(익명 인터뷰)-2

Q. 해리컴티가 타 커뮤니티들과 가장 다른 점은 무엇이라고 생각하시나요?

A. (익명 인터뷰 답변을 가감 없이 100% 있는 그대로 가져온 전문입니다.)

2. 해리컴티가 타커뮤니티와 가장 다른점은 무엇이라고 생각하시나요?

이곳에 내용을 입력하세요.

진정성과 커뮤니티를 돈으로 보지 않는 것!
다오(DAO)를 눈으로 보여주며 하나하나 실현해 나가는 모습들을 보여주는게 다른 것 같습니다.

다른 커뮤니티를 잘 모르긴하나 나만 잘 되자가 아닌 함께 잘 되기를 원하는 진심이 보여지는 커뮤니티.

리더의 앞선 시야가 커뮤니티 공동체를 이끈다고 봄.
그리고 계속 공동체 구성원들을 성장하도록 도와주려고 노력하며 ama를 통해 비젼을 제시함

멋진 기버들이 많은 것.
새로운 인사이트를 주는 멋진 커뮤니티.
다양한 연령대가 한데 어울릴 수 있고
모두 여기서는 뭔가 새로운 것을 배울 수 있는 것.

타 커뮤니티와의 다른 점은 역시 웹3 와 항상 미래를 준비하는 시스템입니다. 말로만 하는 것이 아니라 직접 실천해보고 활동하는 것이 타 커뮤니티와 다른 점입니다.
특히 다잘잘, 다같이 잘먹고 잘살자의 정신을 바탕으로 협동하며 서로 도와주는 시스템이 너무 좋다고 생각합니다

다잘잘 이라는 모토 아래 서로의 성장을 응원하며
화력지원도 아끼지 않는 점.

※ 익명 인터뷰 답변을 가감 없이 100% 있는 그대로 가져온 전문입니다.

2. 해리컴티가 타커뮤니티와 가장 다른점은 무엇이라고 생각하시나요?

함께 성장하는 커뮤니티가 과연 있을까?..주변엔 지식을 나눠준다는 기반으로 많은 강의들이 있지만 결국에는 그 이상의 무언가를 지속적으로 결제해야 되는 시스템안에 있다 보니, 딱 거기까지인게 대부분이다.
하지만 해리컴티는 각자의 학습능력을 갖추게끔 독려하고
성장하고자 하는 만큼 길을 열어주고, 실로 길을 나아가는 모습을 보여주시며 다양한 동기를 이끌어주고, 자기주도성을 갖게 되며, 곧 각 개인의 성장이 함께 성장하는 커뮤니티가 되고자 함이 보여지는 커뮤니티다.

리더의 비전이 실제로 구현되고 있으며 멤버들이 리더를 따라
같은 방향을 보고 나아가려는 점이 타 커뮤니티와 차별화됨.

크리에이터 집단이라는 점
DAO (탈 중앙화 자율조직) 형태로 운영된다는 점
4060세대 중 웹 3 이해도가 있다는 점

목적이 있는 느낌.
그냥 친목도모가 아니라 뭔가 길을 찾아가는 느낌입니다.

지속적인 소통, 끊임없는 스터디제공, 적절한 보상(이벤트 등)으로
흥미유발 등으로, 다른 곳을 두리번거리지 않아도
모든게 갖춰져 있는 커뮤니티 라고 생각합니다

커뮤니티 멤버들간 협력이 잘되고,
자발적인 봉사를 하는 분들이 많습니다

※ 익명 인터뷰 답변을 가감 없이 100% 있는 그대로 가져온 전문입니다.

2. 해리컴티가 타커뮤니티와 가장 다른점은 무엇이라고 생각하시나요?

이곳에 내용을 입력하세요

협동심이 높고 단결력도 강해 다른 커뮤니티에 비에 응집력이 좋은 것 같습니다.

솔직 공정성 열정 단호함

결속력이 좋고 리더의 마인드가 "다잘잘"이라 좋음.

웹3.0에 대해 이해가 높은 분들이 많고, 틱톡 등 능력 있는 분들과 따뜻하고 끈끈한 인간미가 넘치는 곳이에요. 그리고 NFT실전경험을 할 수 있었고, 끈임없이 공부하게 되는 곳이요~

약속한건 다 지키고 영혼을 담아 리드하는 열정 해리쌤과 한방향을 바라보고 으싸으싸하는 커뮤니티 가족들이 있고 다같이 성장하는 커뮤니티입니다

일단은 커뮤니티의 구성원들의 긍정적인 에너지가 특징인 것 같아요. 해리컴티의 하나의 세계관이 영포티 클럽이잖아요. 30-40대가 중심이라고 했을 때 틱톡이라는 10대들의 놀이터에 30-40대가 관심을 가진다는 자체가 새로움을 추구하고 배움을 좋아하고 또 어울리고 소통하려는 마음가짐을 가지고 계시다는 거니까 그런 부분을 닮고 싶어하는 사람들에게는 또 다른 도전이고, 그런 에너지를 가지고 계신 분들에게는 너무나도 좋은 커뮤니티라고 생각합니다.

※ 익명 인터뷰 답변을 가감 없이 100% 있는 그대로 가져온 전문입니다.

커뮤니티에 대한 구성원들의 익명 인터뷰 2 (출처: 해리컴티)

구성원들의 다양한 요구와 니즈에 대한 대처 노하우

CHAPTER 2

끊임없는 소통과 질문 'AMA(Ask Me Anything)'

웹3.0은 분산화된 데이터 처리, 블록체인 기술, 인공지능 등의 기술을 활용해 더 탈중앙화된 인터넷 환경을 지향하는 개념이다. 이러한 웹3.0의 개념은 커뮤니티 운영에도 큰 변화를 가져오는 중이다. 특히 웹3.0 기술을 활용한 블록체인 기반의 커뮤니티에서는 더욱 투명하고 안전한 정보공유가 이뤄질 수 있다. 이러한 웹3.0 기술을 활용한 커뮤니티에서는 'AMA(Ask Me Anything)'라는 방식으로 전문가와 사용자, 커뮤니티 운영자와 커뮤니티 구성원 간의 소통이 활발히 이뤄지고 있다.

예를 들어, 암호화폐나 블록체인 관련 커뮤니티에서는 블록체인 전문가나 암호화폐 관련 기업의 CEO 등을 초대해 AMA 세션을 진행하곤 한다. 이러한 AMA 세션을 통해 전문가와 사용자 간의 소통이 이뤄지며, 사용자들은 전문가의 의견이나 경험 등을 듣고 질문할 수 있다.

나는 해리컴티가 지금까지 커뮤니티 화력을 유지하고, 멤버 간의 결속력과 단합의 힘을 만들어 낸 비법 중 하나가 바로 AMA라고 생각한다. 작년 10월부터 시작한 해리컴티 AMA. 지금까지 약 6개월 동안 총 10회의 AMA를 진행했다. 아마도 커뮤니티 식구들은 이렇게 생각할지도 모른다. '해리 쌤 진짜 징글징글하다…. 그런데 또 안 들을 수가 없네…'라고.

해리컴티 AMA에서는 늘 커뮤니티의 주요 공지와 희소식을 알려왔다. 또는 커뮤니티 운영 중에 멤버들의 생각을 들어보고 싶을 때는 항상 AMA를 진행하고 소통을 시도했다.

해리컴티 AMA공지 카드뉴스 모음

'피드백 컬렉터(Feedback Collector)'가 돼라

멤버들의 생각을 단순히 AMA에서만 물어보지 않고 구글폼을 만들어 꼭 제출하도록 했다. 커뮤니티 멤버들이 제출한 구글폼의 내용 중에 중요한 내용이 담긴 것들은 하나하나 종이에 손으로 적어서 정리했다. 그래야 한 번 더 머릿속에 각인되면서, 커뮤니티 멤버들의 뜻이 정리되는 듯했다. 그렇게 지속적으로 멤버들에게 질문을 하다 보면 차곡차곡 답변들이 쌓이고, 그 답변들이 모두 데이터화 돼 커뮤니티의 현재 위치가 머릿속에 그림으로 그려진다.

멤버들에게 하는 질문은 대부분 커뮤니티에서 원하는 것이 무엇인지, 커뮤니티에서 아쉬운 점은 무엇인지, 커뮤니티를 통해서 이루고자 하는 것이 무엇인지, 개인적인 목표는 무엇인지, 지금 커뮤니티에서 진행하는 교육프로그램들은 잘 따라오고 있는지 등 결국 커뮤니티의 방향성과 직결되는 질문들을 직접 묻곤 했다.

정말 커뮤니티 멤버들을 위한 커뮤니티를 운영하고자 한다면, 반드시 커뮤니티 멤버들의 생각과 의견을 자주 체크해서 그들의 '니즈(Needs)'를 파악해야 한다. 안 그러면 커뮤니티가 달리는 속도와 커뮤니티의 멤버들이 달리는 속도가 맞지 않아서 중도 탈락자가 생길 수도 있고, 커뮤니티 내에서 소외감을 느끼고 있는 멤버들을 알아차리지 못하고 마냥 앞으로 나갈 수 있다.

커뮤니티 구성원들의 소외감 관리도 소홀히 해서는 안 된다. 커뮤니티 리더가 커뮤니티 내에서 멤버들이 은연중에 느끼고 있는 '포모(FOMO)' 관리를 제대로 하지 못하면 결국에는 커뮤니티 이탈자를 막지 못하게 될 것이다. FOMO란 'Fear of Missing Out'의 약자로 '놓치는 것을 두려워하는 감정'을 나타낸다. 누군가가 다른 사람들이 즐기는 것을 놓치는 것을 두려워하고, 자신도 그들과 같은 경험을 하고 싶은 욕구를 의미한다.

포모에 관한 이야기는 뒤에서 조금 더 자세히 나누도록 하겠다. 진정 지속가능한 커뮤니티를 원한다면 AMA와 같은 솔직 담백한 대화의 장을 커뮤니티 멤버들과 자주 꾸려 나가는 것을 강력하게 추천한다.

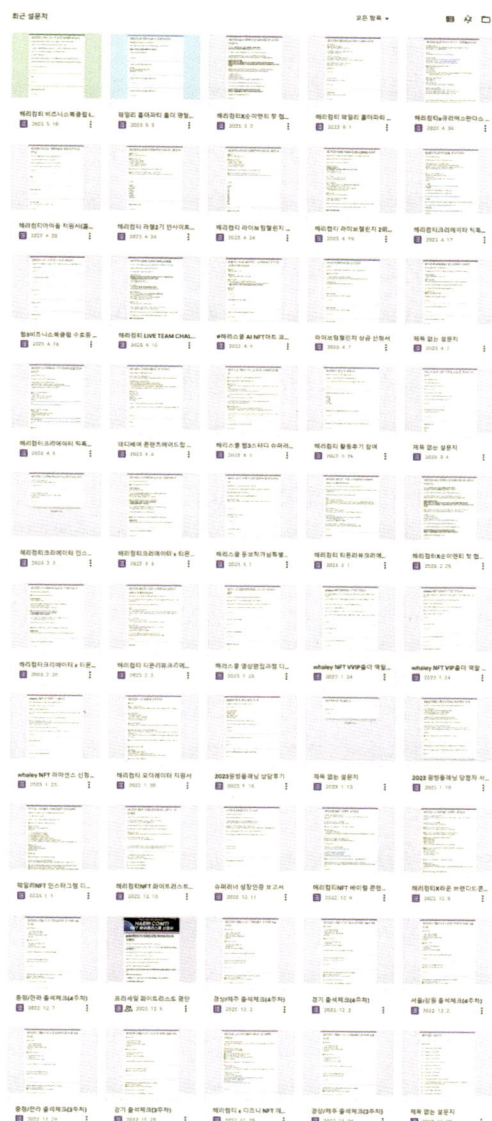

해리컴티 운영 중에 피드백 받은 구글폼 일부

커뮤니티 구성원 101

니즈(Needs) 파악에서 그치지 마라, 중요한 것은 '행동'이다!

커뮤니티 구성원들의 니즈를 파악했다면, 그다음 단계는 그들의 니즈를 충족시키기 위한 계획을 수립해야 한다. 커뮤니티 리더는 구성원들의 니즈를 충족시키기 위해 달성하고자 하는 '목표'를 설정해야 한다. 그래야 어떤 방식으로 니즈를 충족시킬 것인지를 구체화할 수 있다. 이를 위해서는 다양한 아이디어를 모아보고, 우선순위에 따라 정리하고, 구체적인 실행 계획을 세워야 한다.

지금까지 해리컴티 멤버들의 화력을 유지할 수 있었던 이유 중 하나가 바로 내뱉은 말들에 대해서 약속을 지키려는 노력과 그 노력에 대한 결괏값을 지속적으로 눈으로 확인시켜줬기 때문이라고 생각한다. 해리컴티 커뮤니티 구성원 멤버들의 주된 니즈는 결국 본인 성장과 온라인상에서 수익화할 수 있는 그 무엇인가를 찾고 있는 것이었다. 본인들만의 역량 안에서 적게 나마도 수익화를 시작할 방법을 알고자 하는 니즈가 간절해 보였다.

해리컴티 멤버들의 특징 중 하나는 새로운 것에 대한 배움의 니즈가 정말 어마무시하다는 것이다. 그래서 여기저기 커뮤니티에서 재능기부를 한다던지, 저렴한 강의가 열린다든지 하면 우르르 몰려다니는 현상을 발견했다. 그중에 많은 분이 호기심 가득해 보였던 분야가 바로 웹3.0이었다. 그런데 이 시장에 관한 내용에 대해서는 직접적으로 답을 제시하면서 가르쳐주는 사람이 보이지 않았다. 이유는 '어려워서'라고 생각했다. 그래서 이 분야에서만큼은 해리컴티가 먼저 선점하고 그 누구보다 쉽고 재미있게 가르쳐줄 수 있겠다고 생각했다. 그때부터 웹3.0에 대한 특강을 시작했고, 크리에이터과정을 기본적으로 마치고 해리컴티에 들어온 멤버들에게 무료로 스터디를 해줬다.

참고로 커뮤니티 구성원들의 니즈를 충족해주는 상품 또는 서비스를 공급할 때는 조건부로 진행할 것을 추천한다. 조건부가 타당한 대가성의 지불방식인 것도 좋지만, 돈보다는 커뮤니티의 성장에 기여할 수 있는 조건부가 커뮤니티 성장에 효과적이다. 예를 들어 인스타그램에 특정 피드를 리그램 한다던지 말이다. 어쨌든 중요한 것은 커뮤니티 구성원들의 니즈파악과 그 니즈를 어떻게 해야 충족시킬지에 대한 리더로써의 고민 그리고 끊임없는 방법론을 찾는 노력이다.

방법을 찾은 순간부터는 무조건 실행으로 보여줘야 한다. 믿음이라는 것은 말로 만드는 것이 아니다. 행동으로 만드는 것이다. 시간이 조금 걸리더라도 꾸준한 노력을 보여줬을 때 그때 비로소 커뮤니티 구성원들의 마음이 움직이기 시작한다. 커뮤니티에 관한 끈끈함과 신뢰는 커뮤니티의 리더가 어떻게, 얼마나 진심으로 커뮤니티를 대하는가 하는 리더의 마음과 자세로부터 만들어진다. 보여주는 것이 아니라 보여지는 것임을 잊지 마라.

가끔은 '단호박'이 돼라

커뮤니티라는 것을 운영하다 보면 정말 다양한 종류의 사람들을 만나게 된다. 아무리 동일한 관심사나 목표를 위해 모인 것이 커뮤니티라 해도 모두가 각자 다 다른 방향성을 지니고 모이게 된다. 본인의 연령대에 맞는 방향성을 생각할 수도 있고, 본인의 지역특성에 따라 맞는 방향성을 생각할 수도 있고, 이외에도 본인의 사회활동, 직업, 특색, 취미, 문화, 종교 등 정말 다양한 복합적인 환경 속에서 각자 저마다의 방향성을 설정한다.

그리고 본인의 성격, 성향에 따라 각자 저마다의 방식으로 커뮤니티 활동을 한다. 그중에 분명 눈에 띄는 사람들이 보인다. 모두가 '맞아'라고 할 때 '왜?'라는 질문을 던지는 사람도 있고, 모두가 '동의합니다'라고 할 때 '동의하지 않습니다'라는 의견을 제시하는 사람도 있다. 커뮤니티의 운영자도 완벽할 수 없기에 실수라는 것을 저지를 때가 있는데 그럴 때 '괜찮아'라고 다독이는 사람이 있다면 '주의'를 주는 사람도 있기 마련이다.

이건 너무나 당연한 현상이다. 같은 배에서 나온 형제도 아무리 같은 가정환경 속에서 자랐다고 해도 나와는 너무 다르지 않은가! 다른 생각을 한다는 것에 대해서 충분히 이해할 줄 알아야 하며, 그럴 땐 커뮤니티 측의 소신 있는 생각과 정확한 정보전달을 통해 대응할 수 있다.

하지만 커뮤니티 운영 중에 가장 경계해야 하는 구성원은 바로 '커뮤니티 내의 분위기를 흐리는 사람'이다. 특히 오픈채팅방에는 수백 명이 들어와 있는 단체방이기 때문에 더욱 말조심해야 한다. 그런데 본인의 색이 너무 짙어서 말조차 센 언어를 사용하는 경우가 종종 있을 수 있다. 그럴 때는 커뮤니티 운영자가 명확한 기준으로 제재를 가해야 한다.

그러나 제재를 가할 때 운영자도 같이 센 언어를 사용하면 절대 안 된다. 모든 사람이 들었을 때 합당하고, 논리적이고, 이유 있는 대응의 답변을 해야 한다. 그래야 다른 커뮤니티 멤버들도 '타산지석'으로 배우고 본인의 언어에 한 번 더 신경을 쓰게 된다.

리더는 늘 부드럽고 최대한 많은 사람을 포용하는 언어를 사용해야 한다. 하지만 커뮤니티의 분위기를 흐리거나 선동하는 구성원을 확인했을 때만큼은 단호하게 말할 줄 아는 카리스마도 필요하다. 그때 커뮤니티를 지켜내지 못하면 불편한 분위기 속에 있는 멤버들은 거부반응으로 인해 커뮤니티 활동 자체를 내려놓는 위기가 올 수 있다.

커뮤니티 리더는 늘 커뮤니티 내의 분위기를 모니터링해야 하며, 멤버들 간에 해를 끼치는 사람은 없는지, 선동하는 사람은 없는지, 매너 없이 말을 정제하지 못하는 사람은 없는지 또는 커뮤니티 활동을 오래 했다고 텃세 부리는 사람은 없는지 등을 체크해야 한다. 최대한 늘 공정하고, 공평하고, 치우치지 않는 운영을 해야 함을 잊지 않았으면 좋겠다.

해리컴티 커뮤니티 멤버들의 생각 공유(익명 인터뷰)-3

Q. 커뮤니티라면 '이러한 부분은 반드시 지켜야 한다!'라고 생각하는 지점이 있으실까요?

A. (익명 인터뷰 답변을 가감 없이 100% 있는 그대로 가져온 전문입니다.)

3. 커뮤니티라면 '이러한 부분은 반드시 지켜야 한다!'

이곳에 내용을 입력하세요.

커뮤니티 내에서는 발언에 조심해야 한다고 생각해요.
여러 사람들이 함께하는 자리 자신의 발언에 소신도 있고,
지킬 수 있어야 한다고 생각합니다. 또한 다른 사람을 비하하거나 깎아내리는
언행은 정말 조심해야 한다고 생각해요. 오지랖에 무심코 한 말에 상처받는
소심한 사람들이 있어요. 오지랖이 좋은 환경과 으쌰으쌰 하는 분위기는 있지만
여러사람 있는 곳에서의 언행은 정말 조심해야 한다고 생각해요.

약속, 신의. 나의 성장을 도와주었으니
나도 커뮤니티의 성장을 도와주어야 한다고 생각합니다.

포모가 오지않게 구성원들을 독려해야 하는 것

함께 성장하는 공동체인만큼 타인의 발전을 시기 질투하지 않고
나의 성장에 발판이라는 생각으로 서로 더 격려해줘야 한다고
생각합니다

같은 방향 같은 비전을 갖고 나아가는 거라면, 비판과 비방이 아닌
서로 다른 부분들을 알아가고 포용하고 이해하며 같이 만들어가는 것

투명한 정보 공유 (특히 금전적인 부분)

※ 익명 인터뷰 답변을 가감 없이 100% 있는 그대로 가져온 전문입니다.

3. 커뮤니티라면 '이러한 부분은 반드시 지켜야 한다!'

커뮤니티를 올바른 문화를 위해 온라인 오프라인에서의 긍정적 소통과 피드백이 중요하고 서로에 대한 예의를 지켜야 한다고 생각한다.

본인 실속만 차리는 행동, 주로 온라인으로 소통을 한다고 기본 예의 없는 행동, 밑바닥이 드러나는 행동은 하지 말아야 한다고 생각합니다.

1) 커뮤니티의 신뢰를 위한 필수 요소인 끊임없는 소통
2) 정기적인 오프라인 모임으로 친밀감 형성
3) 누구나 참여할 수 있는 꾸준한 이벤트 및 역할 부여 등으로 구성원들의 소속감과 결속력 생성

소수의 이익을 위하기보다는 다수의 이익을 위한 방향성이 있어야겠죠

1. 커뮤니티멤버는 서로가 서로의 멘토이자 멘티라는 생각으로 내가 어떤 것을 기여할 수 있느냐를 생각하며 기여하고자 하는 기버의 자세를 가져야 함.
2. 커뮤니티는 멤버들이 주인공이어야 하므로 주인공이 될 수 있는 인프라와 정보를 지속적으로 업그레이드하고 보유하며 실험의 장으로서 다양하게 연습할 수 있는 기회를 제공해야 함

커뮤니티의 신뢰.

※ 익명 인터뷰 답변을 가감 없이 100% 있는 그대로 가져온 전문입니다.

3. 커뮤니티라면 '이러한 부분은 반드시 지켜야 한다!'

이곳에 내용을 입력하세요

활발한 참여: 모두 참여가 될 수 있는 다양한 프로세스
서로 서로 상호존중. 서로 지원해주기 시스템

신뢰. 약속한 부분을 100% 이행하기는 쉽지 않습니다.
약속을 못 지킬 수도 있지요. 약속한 부분은 지켜내려고
최선을 다하는게 맞지만, 혹시나 예기치 않은 상황으로
지키지 못하게 되었을 때 커뮤니티에 솔직하고 투명하게
공개하고 나누고 다음 단계로 나아가면 좋을 것입니다.

서로 다른 배경과 생각을 가진 사람들이 모여 있기 때문에
개인의 주장과 기분에 의한 태도가 아닌 서로를 존중하는 태도가
꼭 지켜져야 된다고 생각합니다.

언제나 와도 외롭지 않은 곳,

서로 말만이 아닌 맘으로 신뢰하는 커뮤니티가 되길 원합니다.

서로의 저작권이나 개인적 사생활을 보호하는 일은 중요하다고 생각합니다.
커뮤니티 안에서 일어난 일들이 허투루 와전되지 않았으면 좋겠어요.

다른 커뮤니티와 비교하지 않고 해리컴티의 지향하는 바를 잘 이해하고
꾸준히 각자의 노력이 필요하다고 생각합니다.

※ 익명 인터뷰 답변을 가감 없이 100% 있는 그대로 가져온 전문입니다.

커뮤니티에 대한 구성원들의 익명 인터뷰 3 (출처: 해리컴티)

Part 3

커뮤니티 활동
기획과 운영

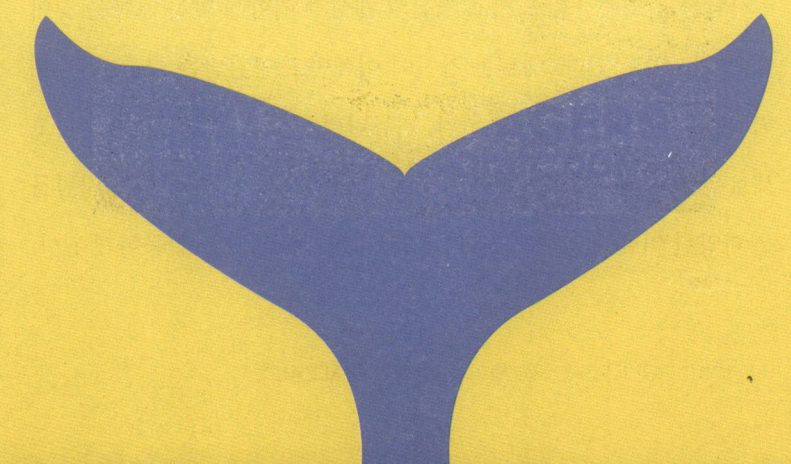

효과적인 커뮤니티 활동
기획하는 방법

CHAPTER 1

커뮤니티 멤버들의 흥미와 욕구를 파악하라

　커뮤니티 활동할 때는 재밌어야 한다. 단순 재미가 됐던, 본인이 성장하는 성장의 재미가 됐던, 커뮤니티에 지속적으로 멤버들이 찾아오기 위해서는 흥미가 유지돼야 한다. 본질적으로 사람들이 처음 커뮤니티에 찾아오는 이유부터 생각해보자. 이유는 다양하겠지만 주된 이유는 공통된 관심사나 목표를 지닌 사람들이 서로 커뮤니티 내에서 교류하며 지식, 경험, 정보 등을 공유하기 위해서다.

　사람들은 소속감을 느끼고 자신의 개성과 취향에 맞는 그룹을 찾아 들어가는 일도 있다. 때로는 자신이 이해받고 공감받는 곳을 찾기 위해 커뮤니티에 참여하기도 한다. 커뮤니티는 새로운 관계를 형성하고 새로운 기회를 창출할 수 있는 장소가 돼주기도 한다. 이렇듯 사람들은 다양한 이유에 의해서 저마다 커뮤니티에 찾아오고 활동하게 된다.

찾아온다는 뜻은 커뮤니티가 외부에서 보였을 때 특정 흥미를 불러일으킬 만한 콘셉트가 존재한다는 것이다. 반대로 그 콘셉트가 흔들리는 경우를 생각해보자, 어떻게 되겠는가? 당연히 흥미가 반감될 것이다. 그래서 커뮤니티는 커뮤니티만의 정체성을 유지하는 것이 중요하다.

지금부터 그동안 내가 커뮤니티 멤버들의 흥미를 유지해 온 방법을 공유해보고자 한다. 해리컴티는 크리에이터 커뮤니티이다. 처음에는 숏폼 크리에이터 시장에 도전하고자 하는 사람들이 모였다. 하지만 커뮤니티 운영 중간에 새로운 콘셉트가 추가됐다. 바로 웹3.0이다. 처음에는 콘텐츠 크리에이터이코노미 시장을 목표로 달렸지만, 중도에 웹3.0 공부를 통해 어느 정도 지식이 차고 보니 블록체인, NFT, 메타버스 등등 이 시장 또한 크리에이터 시장과 너무나 맞물려 있다는 사실을 깨닫게 됐다.

웹3.0 크리에이터 시장의 비전을 더 크고 가치 있게 바라보게 되면서 커뮤니티의 전체 콘셉트에 접목을 시키게 된 것이다. 처음에는 크리에이터에 관심이 있는 사람들만 모이다가 어느 순간 웹3.0에 대한 관심이 있는 사람들까지 커뮤니티에 찾아오게 되는 목적 범위가 넓어지게 된 것이다.

그렇다면 기존의 크리에이터들에게는 추가된 콘셉트를 어떻게 이해시켰을까? 커뮤니티의 방향성이 조금씩 잡힐 때마다 AMA를 진행했다. 그리고 커뮤니티 운영자인 내가 직접 바라보고 있는 미래에 대한 비전을 끊임없이 제시했고, 그 비전 속에서 개개인이 크리에이터로써 포지션을 잘 취하고 있을 때 얻을 수 있는 기회도 함께 제시했다. 다행히도 커뮤니티에 있던 기존의 크리에이터들이 새로운 시장에 대한 거부반응이 많지 않았고, 오히려 기대감으로 커뮤니티에 더 애착을 갖기 시작했다. 아마 차별점이 있다고 느낀 것 같다. 크리에이터 시장 속에서 새로운 기회를 끊임없이 찾으려 했던 나의 노력이 식구들에게 고스란히 전달된 것이 아니냐고 생각한다.

새로운 웹3.0 시장에 대한 흥미를 유지하기 위해서 디스코드에 '해리스쿨'이라는 채널을 별도로 만들어서 재능기부 강의를 시작했다. 사실은 재능기부라기보다 나로서는 엄청난 투자였다. 해리컴티 크리에이터들이 새로운 시장에 대한 이해도가 높아진다면 대한민국에서 정말 유일한 커뮤니티가 될 것이라고 확신했기 때문이다.

그때부터 나는 우리 해리컴티 크리에이터들의 실력을 높이는 것에 몰두했던 것 같다. 자연스레 커뮤니티 멤버들의 욕구와 커뮤니티에서 추구하는 방향성이 잘 맞아떨어지면서 지속적인 흥미를 끌어올릴 수 있었다. 멤버 개개인들이 커뮤니티 안에서 각자 성장하고 있다는 사실을 깨달은 순간 신뢰가 생겼고 자발적인 참여율이 지속적으로 상승했다. 동시에 멤버들이 커뮤니티에 속해 있는 자부심마저 들기 시작하자 자발적으로 주변에 커뮤니티에 대해 홍보하기 시작했다.

커뮤니티란 이런 것이 아닐까 싶다. 커뮤니티는 멤버들의 욕구를 지속적으로 채워 줄 수 있는 실력을 길러야 하고, 그 실력이 다시 커뮤니티 구성원들에게 돌아가 그들의 니즈를 충족해야 하고, 니즈가 충족됨으로써 자연스레 커뮤니티 바이럴이 이뤄지는 것. 그게 커뮤니티 확장의 선순환 구조가 아닐까 생각한다.

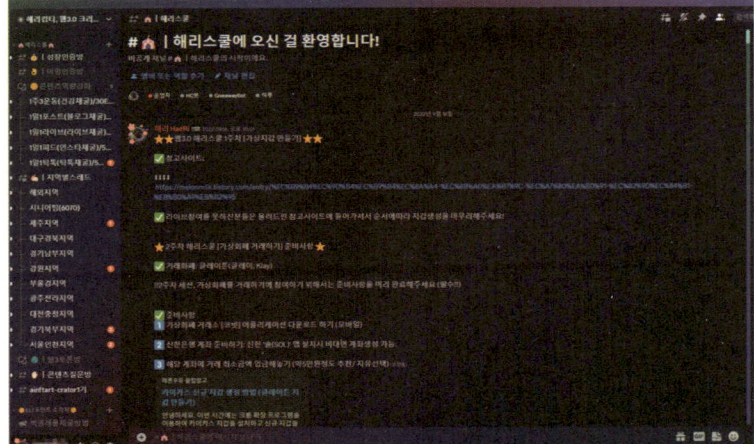

해리컴티 디스코드 내 웹3 해리스쿨 채널

'목적'에 맞는 활동을 기획하라

커뮤니티 구성원들이 커뮤니티에서 활동하게끔 하려면 우선 커뮤니티 자체의 '목적'이 먼저 설정돼야 한다. 커뮤니티가 추구하는 목표가 무엇인지, 그 목표를 설정하게 된 목적은 무엇인지, 목표를 달성하면 어떤 효과를 불러일으킬지에 대해서 생각해 볼 필요가 있다. 그러면 자연스레 커뮤니티가 추구하는 방향성이 잡힌다. 그리고 목표를 설정하는 과정 중에 커뮤니티 구성원들의 니즈와 관심사를 파악하고, 그들의 목표와 욕구를 고려하려 또 구체적인 목표를 설정할 것을 추천한다.

방향성이 정해지면 커뮤니티 운영자는 프로그램 기획에 들어가야 한다. 프로그램을 기획할 시에는 커뮤니티 구성원들의 참여를 독려할 수 있도록 구성하고, 최대한 구성원들이 본인들의 목표에 대해 인지하고 조금이라도 가까워지는 방법으로 기획하면 참여율을 높일 수 있다. 기획 단계에서부터 커뮤니티 구성원들의 의견을 수렴하는 것도 좋은 방법이다. 참여 의사를 물어보고, 어떤 프로그램이 필요한지, 원하는 내용은 무엇인지 등 구성원들의 의견을 수렴해 그에 맞는 활동을 기획하는 것이 의미 있는 프로그램을 완성할 수 있도록 도와준다. 아무리 그럴싸한 프로그램을 기획했다 하더라도 프로그램 참여의 니즈가 부족하면 분명 참여율이 떨어지기 마련이다.

늘 상호작용을 불러일으키는 프로그램을 기획하는 것이 중요하다. 프로그램 활동을 기획할 때는 구성원들이 참여하기 쉬운 활동을 고민하는 것이 좋으며, 참여에 대한 장점이나 이점을 강조해 구성원들의 참여를 독려하는 것이 좋다.

이벤트기획 및 보상시스템은 필수다

프로그램이 완성되면 실행단계로 넘어가야 한다. 커뮤니티 구성원들의 참여율이 높을수록 커뮤니티의 인지도가 함께 높아지는 프로그램 구성이 가장 유의미하다. 무엇보다 프로그램에 관한 내용을 콘텐츠로 제작해 업로드하는 '이벤트' 방식은 온라인상에서 커뮤니티를 알리기에 최상의 방법이 될 수 있다.

해리컴티의 경우 커뮤니티의 주 정체성이 크리에이터이다 보니, 콘텐츠 업로드 이벤트가 가장 핏이 잘 맞았다고 볼 수 있다. 또한 틱톡, 쇼츠 또는 인스타그램의 릴스와 같은 '숏폼 영상'으로 콘텐츠 업로드 시, 다른 콘텐츠에 비해 노출률이 상대적으로 높아 좀 더 효과적이었다. 콘텐츠 업로드 이벤트를 지속적으로 진행하는 이유는 동시에

'해시태그(#) 브랜드'를 동시에 만들어 나갈 수 있었기 때문이다.

#해리컴티라는 해시태그는 현재 틱톡이라는 숏폼 플랫폼 내에서 해시태그 누적 조회수가 이미 1억 뷰 이상을 넘어가고 있다. 틱톡에서 '해리컴티'라는 단어를 검색창에 적으면 '해리컴티가 뭐야' 또는 '해리컴티 뜻'과 같은 연관 검색어도 함께 뜬다. 이게 크리에이터 커뮤니티의 파워가 아니냐는 생각을 참 많이 한다. 이러한 커뮤니티의 인지도 덕분에 이름있는 대형 MCN 엔터테인먼트사, 대기업 유통사, 통신사, IP 콘텐츠 기업, 블록체인 기업, F&B 기업 등과 다양한 B2B 협업이 가능했다. 이런 기회들은 곧 다양한 이벤트 프로그램 기획으로 연결됐다.

이벤트 참여와 동시에 크리에이터들의 성장과 연결될 수 있도록 구성할 수 있었고, 이는 곧 커뮤니티 자부심으로 연결할 수 있는 좋은 연결고리가 됐다. 커뮤니티의 실력이 곧 나의 실력이 되는 순간이었다. 또한 이벤트기획 시 투명하고 공정한 '보상시스템'은 필수이다. 보상시스템이 투명하고 공정하게 운영될수록, 커뮤니티 구성원들은 보상받기 위해 참여를 더욱 적극적으로 하게 된다. 이를 위해서 보상 기준이 명확해야 하며, 보상 지급까지의 프로세스가 공개돼야 한다. 보상 지급 기간을 빠르게 처리해 구성원들의 만족도를 높이는 것 또한 중요하다. 웹3.0 프로젝트와 커뮤니티의 콘텐츠 협업 시 좋은 점은 새로운 NFT의 홀더가 될 기회를 주는 것이다. 이를 보통 'NFT 에어드랍(Air Drop) 이벤트'라고 한다.

NFT 에어드랍이란, 블록체인 네트워크에서 발행된 특정한 NFT를 가상지갑을 가진 사용자들에게 무료로 배포하는 것을 의미한다. 이는 보통 프로젝트나 기업에서 NFT를 활용한 마케팅의 목적으로 진행하며, 이를 통해 더 많은 사용자가 해당 NFT와 관련된 프로젝트나 기업을 알게 되고, 참여를 유도하게 된다. 이벤트나 캠페인을 통해 참여자들에게 NFT 에어드랍을 제공하면서 참여율을 높이는 것이 일반적이다. 또한 커뮤니티 멤버들에게 NFT 에어드랍 이벤트가 효과적인 이유 중 하나는 보통 NFT 프로젝트의 경우 기본적으로 홀더(Holder)들에게 특별한 혜택을 제공한다. 이벤트에 참여해서 NFT 홀더가 무료로 됨과 동시에 해당 프로젝트의 혜택까지 받게 된다면 이보다 좋은 이벤트가 어디 있겠는가!

커뮤니티의 화력과 네임밸류가 높아지면 좋은 점은 역시나 '협업의 기회'라고 생각한다. 나는 협업 진행 시 서로가 윈윈할 수 있는 협업 점을 찾아 최종적으로는 크리에이터들에게 혜택이 돌아가게 하는 방식을 선호한다. 특히 크리에이터 커뮤니티는 콘텐츠를 집단으로 발행할 수 있는 아주 큰 장점이 있어서, 협업 때에 콘텐츠 바이럴로는 상당히 효과적이라고 생각한다. 협업을 통한 이벤트는 커뮤니티의 외부 영향력을 함께 끌어올리는 것에 효과적이다.

반대로 커뮤니티 구성원들의 활동 참여 만족도를 높이고 싶다면 커뮤니티 내 자체 이벤트도 꾸준히 진행하는 것이 좋다. 단, 보상시스템을 구성할 때는 보상의 종류·기준·수량 등을 명확히 설정해 투명한 체계를 구축해야 한다. 이를 통해 구성원들은 보상받기 위한 조건을 정확하게 이해하고, 노력과 참여에 대한 보상이 공정하게 이뤄진다는 것을 인지할 수 있다. 활동 유형에 따른 보상을 제공하면 커뮤니티 내에서 다양한 활동이 이뤄지기 때문에 이에 따라 보상의 형태도 다양하게 제공하는 것이 효과적이다.

해리컴티 NFT 에어드랍 콘텐츠이벤트 진행 시 참여 현황 예시(약 200여 명 참여)

커뮤니티 활동 분야와
그에 따른 운영 전략

CHAPTER 2

커뮤니티 콘셉트에 맞는 메인 활동 분야를 설정하라

온라인 특히 SNS에서 모인 커뮤니티들의 특징이 있다면 특정 플랫폼에서의 활동 콘셉트가 설정돼있다는 것이다. '블로그 글쓰기' 라던지, '인스타그램 마케팅' 이라던지, '전자책 쓰기' 라던지 말이다. 그 뜻은 각 커뮤니티가 주로 활동하고자 하는 플랫폼이 정해져 있다는 것이다. 다양한 플랫폼을 모두 다루는 것도 좋지만, 나는 처음 시작하는 커뮤니티라면 특정 관심사 또는 목적을 명확하게 해두고 시작하는 것이 더 유리하다고 생각한다. 한 가지를 제대로 완성하고 다른 종목을 다루게 되면 그건 확장으로 넘어가는 의미가 되지만, 한 가지도 명확하게 브랜딩이 돼 있지 않은 상태에서 이것저것 하다 보면 오히려 이도 저도 아닌 것으로 남을 수 있기 때문이다.

해리컴티는 2년 동안 변함없이 틱톡이라는 플랫폼에서 주로 활동을 해왔다. 어느 정도 해시태그 파워가 생길 때쯤부터 다양한 크리에이터 영역을 시도하기 시작했다. SNS상에서 커뮤니티의 인지도가 생기는 것은 어느 정도 커뮤니티 구성원들의 바이럴로 인해 가능했다. 하지만 커뮤니티와 공통분모가 있는 가까운 계정 내에서 그만 바이럴이 그칠 가능성이 크다. 즉, 특정 플랫폼에서 불특정 다수가 인지할 수 있는 수준의 영향력이 생긴다는 것은 사실 매우 어려운 일이라는 것이다. 선택과 집중으로 평균치를 넘는 해시태그 커뮤니티 브랜드파워를 만들 걸 추천한다. 그래야 커뮤니티 콘셉트가 눈에 띄게 보이기 시작하면서 주변으로부터 궁금증을 자아낼 수 있을 것이다.

커뮤니티의 정체성이 흔들리면 결국 성장 방향성이 불명확해질 가능성이 크다. 지속가능한 커뮤니티 운영을 원한다면 커뮤니티 구성원들이 커뮤니티에 대한 정체성을 명확하고 정확하게 인지할 수 있도록 운영해야 한다. 커뮤니티의 정체성을 먼저 구축한 뒤, 커뮤니티 브랜드파워를 어떻게 만들어 나갈지를 고민하라. 커뮤니티의 자아가 뚜렷해야 목표가 뚜렷해지고, 목표가 뚜렷해야 방향성이 명확해지고, 방향성이 명확해야 커뮤니티 구성원들이 믿고 따르게 될 것이다.

커뮤니티 영향력은 혼자가 아닌 '같이'의 가치다

커뮤니티가 잘 되려면 커뮤니티와 커뮤니티 구성원들의 상호작용성이 매우 중요하다. 커뮤니티를 처음 만든 사람이 물론 운영자로서 자연스레 지도자가 되겠지만, 커뮤니티는 리더만 잘나도 의미가 없고, 반대로 커뮤니티에 무조건 사람들이 많다고 해도 의미가 없다. 커뮤니티 리더의 뜻에 얼마나 많은 사람이 동의하고, 얼마나 오랫동안 손잡고 계속해서 함께 걸어가고 싶어 하는지가 제일 중요하다.

커뮤니티는 이인삼각 경주와 같다. 하나둘, 하나둘, 하나둘, 하나둘, 결승점까지 함께 걸어가려면 속도도 맞아야 하고, 보폭도, 호흡도, 체력도 맞아야 한다. 분명 다리가 묶여 있는 팀원들의 키도 다 다를 것이고, 다리 길이도, 발 치수도, 에너지도, 평상시 걸음걸이 속도도, 게임을 대하는 자세도, 심지어 승리욕도 다 다를 것이다.

이 이인삼각 경주가 100인 101각이 되면 어떻게 될까? 그 100인이 다같이 하나둘을 외치며 결승지점까지 한 걸음씩 걸어간다면 어떻게 될까? 상상만 해도 정말 어마어마한 집체의 힘에 넋이 나갈 것만 같지 않은가! 그게 커뮤니티 화력이라고 생각한다.

커뮤니티의 화력에 부스터를 달고 싶은가? 그렇다면 커뮤니티 구성원들과 소통하고, 니즈를 확인하고 소통하고, 니즈의 해결 방법을 제시하고 소통하고, 이벤트하고 소통하고, 비전 제시하고 소통하고 또 소통하라. 커뮤니티 운영의 기본 원칙만 잘 지켜도 커뮤니티는 꾸준히 성장할 것이다. 이점은 늘 잊지 말아야 한다. 커뮤니티는 절대 혼자서 꾸려 나가는 것이 아니라는 것을.

온라인에서 오프라인까지

해리컴티를 운영하면서 내가 가장 생각지도 못했던 지점에서 놀랄 때가 있었다. 바로 '오프라인 모임'이었다. 커뮤니티에 사람들이 점차 많아지고, 멤버 간 소통의 교류가 많아지자 어느 날 단톡방에 글이 하나 올라왔다. '우리 오프라인으로 만나서 영상 같이 찍어요.' 누가 언제 이 말을 했는지는 기억이 나질 않는다. 하지만 그때의 순간만큼은 기억이 난다. 오프라인으로 만나자는 이야기가 나오기 시작했을 때, 나는 조용히 커뮤니티를 지켜보고 있었다. 그저 궁금했다. 커뮤니티가 어느 정도로 자발적인 참여가 이뤄지고 활동 범위가 확장될지가 말이다.

그러자 놀라운 일들이 펼쳐졌다. '부·울·경 지역 반 모여요'와 동시에 오프라인에 해리컴티 부·울·경방을 개설했다. 물론 내가 만들지 않았다. 커뮤니티 멤버들이 자발적으로 만들었다. 그러자 이에 질세라 '전라도 끼쟁이 모여라', '해리컴티 충청도 방' 등 지역별 해리컴티 단톡방이 또 생겨나기 시작했다. 그리고 멤버들끼리 시간과 날짜를 정해서 오프라인 모임을 추진하기 시작했다. 이때가 커뮤니티를 운영하면서 가장 놀라웠던 순간이었다. 궁금해서 방마다 쭉 들어가 보았다. 지역별 단톡방 안에서는 오프라인 모임이 추진되면서 참가자들이 서로 꼬리물기를 했다. 단톡방에 투표도 하고 참여 의사 표현도 하고 있었다. 그렇게 시작된 오프라인 모임이 지금의 해리컴티 오프지역 모임이 됐다.

해리컴티는 서울, 인천, 경기 북부, 경기 남부, 강원, 충청, 전라도, 대구, 부·울·경, 제주, 해외 이렇게 11개 지역으로 나눴다. 해외는 각자가 다 다른 나라(미국, 중국, 노르웨이, 영국 등)에 있어서 모이기는 힘들어도 니즈에 의해서 디스코드 안에 해외지역 스레드가 별도로 존재했다. 작년 늦여름부터 오프라인 모임이 쭉쭉 생겨나서 나도 참여하기 시작했다. 그렇게 해리컴티 오프라인 모임에 다 참여하면서 실제로 커뮤니티 멤버들을 직접 만나러 다니는 전국 순회를 하는 데 두 달이 걸렸다.

오프라인 모임을 나가보면 온라인과는 정말 또 다른 세상이었다. 온라인에서 조용히 티 안 내고 활동하던 멤버들이 오프라인 모임에서는 용기를 내서 참가했다. 부산에서 비행기를 타고 서울 모임에 참가하러 오신 분도 있었고, 정말 일이 바쁜 사업가분께서 해리컴티는 오고 싶었다며 시간 쪼개서 찾아오신 분도 있었다. 켈리그라피로 내가 수업 중에 여러 차례 말했던 아인슈타인의 명언을 적어서 액자로 만들어 오신 분도 있었고, 커뮤니티에 오랫동안 함께 하자며 엄청나게 큰 보석십자수를 수놓아서 들고 오신 분도 있었다. 손수 가죽 팔찌에 'EAT WELL LIVE WELL TOGETHER'라고 '다잘잘' 커뮤니티 슬로건을 새겨서 오프라인에 참여하신 분들 숫자대로 만들어서 들고나온 분도 있었다. 자녀분들을 함께 데리고 나와서 인사시키고 싶었다는 분들도 간혹 생겼다.

사실 오프라인 모임을 하고 나면 엄청나게 복합적인 감정들이 밀려왔다. 커뮤니티에 진심이신 분들은 커뮤니티를 정말 사랑하며 온갖 애정을 쏟아부었다. 그리고 커뮤니티 내에 있는 다른 멤버들을 진심으로 도와주고 싶어 하고 챙기려고 노력했다. 혼자가 아니라 '같이'의 가치를 지속적으로 커뮤니티가 보여주고 인식을 제고시켜주면, 그 가치 의식이 서로의 머릿속에 차곡차곡 쌓여 어느 순간 모두가 다같이 '같이'를 외치게 된다. 사람은 사회적동물이라는 말이 정말 맞았다.

그렇기에 다른 사람들과의 관계와 상호 작용이 매우 중요하다.

이렇게 한 번이라도 서로가 감정적인 교류를 하고 나면 이를 통해 상호 의존적인 관계를 형성하게 된다. 그 과정에서 커뮤니티 운영자는 새로운 아이디어를 생각해내고 문제를 해결하는 능력을 키우게 되며, 결국 이를 통해 커뮤니티 문화와 발전을 이뤄낼 수가 있다. 그리고 무엇보다 오프라인으로 직접 커뮤니티 멤버들의 목소리를 듣고, 의견을 듣다 보면 진정한 커뮤니티의 현 위치를 알 수 있다. 리더에게 어떤 부분이 부족하고, 어떤 부분이 커뮤니티 멤버들에게 잘했는지도 피드백돼 돌아온다.

실제로 오프라인 모임을 다녀오고 나면 아이디어 노트를 정말 많이 하게 되고, 커뮤니티라는 것이 정말 '사람 그 자체구나'라는 생각을 꼭 하게 된다. 가능하다면 오프라인 소통의 장을 꼭 한 번이라도 진행해 보았으면 좋겠다. 훌륭한 리더일수록 실로 감동적인 순간을 몸으로 겪게 될 것이다.

해리컴티 커뮤니티 멤버들의 생각 공유(익명 인터뷰)-4

Q. '다잘잘'이라는 커뮤니티 슬로건에 대해서 어떤 관점이실까요?

A. (익명 인터뷰 답변을 가감 없이 100% 있는 그대로 가져온 전문입니다.)

4. '다잘잘' 이라는 커뮤니티 슬로건에 대한 관점

커뮤니티 회원으로서 포모를 느끼지 않으려면
다같이 잘되었으면 하는 바램이 있다

나만의 이익이 아닌 선한 영향력으로 서로 도우며
다잘잘 실현에 동참하는 것에 찬성합니다

혼자가 아닌 '다같이' 라는 말에 얼마나 위안을 받는지 모릅니다.
언제라도 손을 함께 잡아줄 것 같은 느낌이 좋습니다.
나도 해리컴티에 도움되는 일이 있다면 베풀고 나누고 싶다는
생각을 가지게 됩니다.

다같이 잘먹고 잘살자. 정말 멋진 말인 듯합니다.
제가 큰 역할을 하지 못하는 부분은 늘 죄송한 맘이에요.

일방향이 아닌 쌍방향 슬로건이며,
쌍방향일 경우 결코 유토피아적 단어가 아니며,
커뮤니티 멤버들이 이 방향성과 균형을 이해한다면,
다오 커뮤니티로서 최고의 슬로건이라고 생각함

다잘잘 흐름이 모두의 바램이라 여기고
멋진 슬로건이라 느낍니다.

※ 익명 인터뷰 답변을 가감 없이 100% 있는 그대로 가져온 전문입니다.

4. '다잘잘' 이라는 커뮤니티 슬로건에 대한 관점

이 칸에 내용을 입력하세요.

직관적이고 이해하기 쉽고 재미있어 좋습니다:)

먼저 긍정적인 입장입니다. 사회란 함께 잘 살아야 경제가 잘 순환되잖아요. 하지만 노력하지 않는 사람에게도 혜택이 돌아간다면 열심히 하는 사람의 의지를 꺾일 수도 있을 것 같아요.

다같이 잘먹고 잘살자- 다같이라는 말이 포용도 들어가고 사랑도 들어가고 소속감도 있고 성장할 수 있겠다는 희망도 있고 크리에이터 수익화 내재하니깐 굿입니다

다잘잘. 너무 좋은 뜻이지만...아직은 모르겠다.

웹3 세상에서 독불장군처럼 나 혼자 성공할 수 없듯이 다 같이 잘먹고 잘살자는 슬로건이 마음에 와 닿아요

너무 어렵고 쉽지 않은 슬로건을 해리쌤이 직접가지고 나오신 것에 매우 놀라웠고 그래선지 해리컴티식구들 모두가 언젠가는 모두 다잘잘을 이룰거 같다는 생각이 듭니다

※ 익명 인터뷰 답변을 가감 없이 100% 있는 그대로 가져온 전문입니다.

4. '다잘잘' 이라는 커뮤니티 슬로건에 대한 관점

이곳에 내용을 입력하세요

맘에 들어요. 와닿는 슬로건.
그걸 현실로 만들고 보여지는게 신기함

사실 참 힘든건데 그 힘든 목표를 이루기 위해
비슷한 마음과 생각을 가진 사람들이 모여
다같이 한마음으로 노력해야 한다고 생각이 듭니다.
저 또한 다잘잘 이루어 지길 바라는 마음입니다

자본주의 생태계에서 어쩌면 당연하게 여겨지는 독점과
중앙집중형이 아닌 '다잘잘' 이라는 슬로건이 커뮤니티 일원들의
방향성과 맞아 떨어지고 커뮤니티에 대한 신뢰를 가져다준 것이
아니었나 라는 생각이 듭니다

편중됨이 없이 다같이 노력해서 다같이 잘 살수 있다면
조금 이상적인 것 같긴 하지만 좋다고 생각합니다.

다잘잘 덕분에 해리컴티가 지속가능 할 것 같다는 기대감이 확실히 있습니다.
해리쌤이 건네는 그 모든 활동이 다잘잘을 위한 것이라고 하시는데,
ama나 강의를 통해 충분히 커뮤니티 구성원들에게
그것이 잘 전달되기 때문에 구성원들이 더 끈끈하게 뭉쳐지는 것 같아요.
다잘잘에 대한 확신과 믿음을 가지는 것,
해리컴티의 가장 큰 장점이자 비전이라고 생각합니다.

다같이 잘 먹고 잘살자는 슬로건은 매우 찬성입니다.
타인의 행복이 나의 행복이라면 그리고 나의 행복이
타인의 행복을 플러스 해줄 수 있는 요인이 된다면
더 많이 행복 할거라 생각합니다.

※ 익명 인터뷰 답변을 가감 없이 100% 있는 그대로 가져온 전문입니다.

커뮤니티에 대한 구성원들의 익명 인터뷰4(출처: 해리컴티)

커뮤니티 운영을 위한 시스템과 도구 추천

CHAPTER 3

카카오톡 오픈채팅방

커뮤니티를 운영할 때는 다양한 플랫폼을 통해 운영방식을 선택할 수 있다. 그중에 내가 직접 운영하는 방식들에 관해 설명하고자 한다. 가장 먼저 커뮤니티의 시작을 불러일으켰던 오픈채팅방에 관해서 이야기를 나눠 보자.

우선 오픈채팅방에서 사용하면 좋은 기능 몇 가지를 추천하자면 '오픈 채팅봇, 공지 기능, 일정 기능, 투표기능, 텍스트 콘'이다. '오픈 채팅봇'은 운영자가 오픈채팅방을 개설할 때 설정할 것을 추천한다. 오픈 채팅봇을 사용하면 새로운 멤버가 오픈채팅방에 들어올 때마다 자동으로 환영 메시지를 보낼 수가 있다. 환영 메시지에는 커뮤니티 입장 시 지켜야 할 짧은 안내 사항 또는 닉네임 설정 방법 등을 기재해 놓는 것이 좋다.

오픈 채팅봇에는 안내하고 싶은 메시지를 지정된 시간에 보내주는 기능도 있다. 이 기능은 1회 알림과 반복 알림으로 설정할 수 있는데, 특정 시간에 전하고 싶은 메시가 있다거나 주기적으로 리마인드 해야 하는 내용이 있을 때 사용하면 유용하다. 또는 간단하게 아침·점심·저녁 고정 인사말을 설정해놓는 것도 괜찮다.

'공지 기능'은 관리자가 오픈채팅방에 들어와 있는 모든 사람에게 공식적으로 알리고자 하는 중요한 내용을 전달하고자 할 때 사용하는 기능이다. 우선 오픈채팅방에서 진행하는 중요한 일정에 대한 알림을 전달할 수 있다.

예를 들어, AMA, 공식행사, 오프라인 모임 등 중요한 일정이 있을 때 공지 기능을 사용해 참여자들에게 미리 알려줄 수 있다. 해리컴터의 경우 하루 일정이 매일 아침 공지에 올라간다. 또한 커뮤니티에서 진행하는 이벤트에 대한 공지를 전달할 수 있다. 참고로 공지사항 글 안에 링크 첨부 시 링크 활성화가 돼 클릭 시 링크 페이지로 바로 연결된다. 주요 사이트로 이동 또는 구글폼 제출 시 링크를 공지에 기재하면 커뮤니티 멤버들의 참여율을 높일 수 있다.

'일정 기능'은 오픈채팅방 관리자가 일정을 등록하고, 참여자들이 해당 일정에 관해 확인하고 참여 여부를 결정할 수 있도록 돕는 기능이다. 일정 등록 버튼을 클릭해 일정을 등록할 때 제목, 날짜, 시간, 장소, 내용을 포함할 수 있다. 일정이 등록된 후 일정 내용이 변경되거나 삭제해야 될 경우, 오픈채팅방 관리자가 해당 내용을 수정 또는 삭제할 수도 있다. 단, 수정된 내용은 참여자들에게 알림 메시지로 전송하거나 별도의 공지를 통해 변경된 내용을 알려야 한다. 일정 기능을 활용하면 오픈채팅방 참여자들은 중요한 일정을 놓치지 않고 미리 일정을 파악해 적극적으로 커뮤니티 활동에 참여할 수 있다. 또한 일정 변경 사항에 대한 빠른 대처가 가능하므로 참여자들과 원활한 의사소통 또한 유지할 수 있다.

'투표기능'은 오픈채팅방 참여자들에게 여러 가지 선택지 중에서 하나를 선택하도록 유도하고, 선택 결과를 확인할 수 있는 기능이다. 투표기능은 웹3.0에서 '보팅 시스템(Voting System)'과 매우 흡사해서 탈 중앙화적인 커뮤니티 운영 또한 가능하다. 웹3.0 커뮤니티에서의 보팅(투표) 시스템에 대해서 잠시 언급하자면, 해당 시스템은 참여자들이 커뮤니티의 의사결정에 참여할 수 있는 방법 중 하나이다. 보팅 시스템은 분산 웹 기술을 기반으로 구현하고, 블록체인 기술을 이용해 누구나 공정하게 참여하고 결과를 확인할 수 있다.

웹3.0 커뮤니티에서의 보팅 시스템은 일반적으로 '스마트 콘트랙트'를 이용해 구현한다. 스마트 콘트랙트는 컴퓨터 프로그램으로 작성된 계약서로, 블록체인상에 올라가 실행한다. 보팅 시스템의 스마트 콘트랙트는 보통 투표에 필요한 규칙과 절차를 포함하고 있다. 참여자들은 보팅 시스템에 참여해 특정 주제에 대한 의견을 표시하거나, 특정 행동에 대한 찬성 또는 반대를 표시할 수 있다. 이때 보팅 시스템은 스마트 콘트랙트에 의해 제어하므로 보팅 결과를 외부 조작이나 부정행위에 의해 변조될 가능성은 매우 낮다.

예를 들어, 프로젝트의 진행 방향, 새로운 기능추가, 토큰 발행 등에 대한 의견 수렴을 위해 보팅 시스템을 사용할 수 있다. 보팅 결과에 따라 커뮤니티의 의사결정이 이뤄질 수 있으므로 커뮤니티 참여자들의 민주적인 의사결정에 기여할 수 있는 좋은 방법의 하나다.

해리컴티는 이 기능을 주로 공식 방이나 홀더 전용 방에서 단체의 의견 또는 긴급으로 커뮤니티 구성원들의 특정 데이터 취합을 위해서 이용하곤 한다. 단 데이터 취합의 용도와 사유를 정확하게 밝히고 추후 데이터에 대한 활용까지도 공유해야 한다. 그래야 투명한 커뮤니티 운영이 가능하며, 사유가 명확하게 공유됐을 때 커뮤니티 멤버들의 적극적인 참여를 이끌어 낼 수 있다.

이처럼 카카오 오픈채팅방의 다양한 기능은 방 관리자만 기재가 가능하며, 오픈채팅방 담당 매니저 또는 모더레이터들에게 권한을 부여한 뒤 커뮤니티의 소식을 공유하는 시스템을 구축해 놓으면 운영자는 많은 도움을 받을 수 있다.

해리컴티의 카카오톡 오픈채팅방은 개설됐을 때부터 아무나 들어올 수 없도록 비밀번호 4자리를 설정해 놓았었다. 특정 크리에이터 수업을 모두 수강한 분들에게만 마지막에 커뮤니티 오픈채팅방 주소를 공개했다. 이렇게 설정했던 이유는 애매모호한 불특정 다수의 합집합이 아닌, 진짜 명확한 교집합을 지닌 커뮤니티를 만들고 싶었기 때문이다. 그래서 누구나 알아듣는 키워드를 통해 활발한 소통의 장이 이뤄지길 바랐고, 특정 내용을 몰라서 소통의 부재가 일어나는 일이 발생하지 않기를 바랐다.

보통 공개적으로 누구나가 들어올 수 있는 커뮤니티의 경우를 보면 오픈채팅방 링크를 쉽게 찾을 수 있고, 그 방에 들어가 보면 수백에서 수천 명까지 정말 많은 사람이 모여있음을 볼 수 있다. 하지만 인원수가 많은 커뮤니티라도 보통 새로운 프로그램을 시작할 때의 참여율을 보면 보통 10%~30% 정도 나온다. 해리컴티의 경우 커뮤니티를 구성하는 멤버들의 숫자가 100~120명 정도 됐을 때 평균적으로 커뮤니티 참여율이 약 70%~80%였다.

100명 초반대에는 80명 이상을 유지해왔고, 200명 단위에 들어갔을 때는 150명 정도 이상을 유지했으며, 300~350명 정도 됐을 때 200명 이상의 커뮤니티 액티브 멤버 수가 유지됐다. 물론 커뮤니티의 화력을 만들어내기까지 수많은 노력을 쏟아부은 것은 사실이다. 화력을 만들기 위해 노력한 방법에 대해서는 이미 앞에서 많이 이야기한 것 같으니 생략하도록 하겠다.

해리컴티 오픈채팅방의 경우 현재 두 개의 메인 오픈채팅방과 각 지역의 방이 존재한다. 메인 오픈채팅방은 공식 오픈채팅방과 NFT 홀더 전용 방이 별도로 존재한다. 작년까지는 메인 채팅방 2개와 각 지역 방마다 매일 돌면서 인사하고, 소통을 유지해왔으나 커뮤니티가 비즈니스 단계로 넘어가면서 시간을 쪼개 싸야 할 정도로 너무 바빠진 관계로 일일이 신경을 잘 못 쓰게 됐다. 그래서 모더레이터를 선정하게 된 것이다. 이처럼 커뮤니티의 성장에 따라 조직화 단계도 자연스레 진입하게 된다. 지역별 모더레이터를 선정하고 난 뒤의 지역 방 운영은 디스코드 부분에서 설명하도록 하겠다.

현재 내가 직접 소통하고 관리하는 방은 공식 채팅방과 홀더 전용 방이다. 매일 아침 보통 새벽 4시 30분부터 '웰모닝'이라는 인사가 올라오기 시작한다. 커뮤니티의 단합을 불러일으키기에 가장 간단한 방법은 '커뮤니티만의 언어문화'를 만들어 나가는 것이다. 해리컴티 안에는 '커뮤니티 슬로건'과 NFT 프로젝트 웨일리 IP 콘셉트가 들어가 있는 다양한 '용어문화'가 존재한다. 이처럼 커뮤니티만의 인사로 하루를 시작함과 동시에, 오픈채팅방 담당 모더레이터들이 하루 3교대로 본인이 담당하는 시간대에 커뮤니티 소통을 지속적으로 이어 나가고 있다.

그리고 모더레이터와 직접적으로 소통하며, 커뮤니티 전체의 스케쥴을 매일 리마인드 해주는 모더레이터 매니저가 든든하게 커뮤니티를 받쳐주고 있다. 이게 바로 커뮤니티 볼륨이 커지고 있을 때 조직화가 탄탄하게 이뤄져야 하는 이유다. 조직화 단계가 잘 이뤄지기 위해서는 그전에 커뮤니티 운영자가 커뮤니티 내의 구성원 중에 함께 손잡고 걸어 나갈 분들을 지속적으로 모니터링 하는 것이 참 중요하다. 이전에도 잠깐 언급했지만, 모니터링 할 때는 말보다는 행동을 보고 판단하기를 바란다. 커뮤니티에 진심인 멤버들은 커뮤니티를 대하는 태도와 말투 자체가 다르기 때문이다.

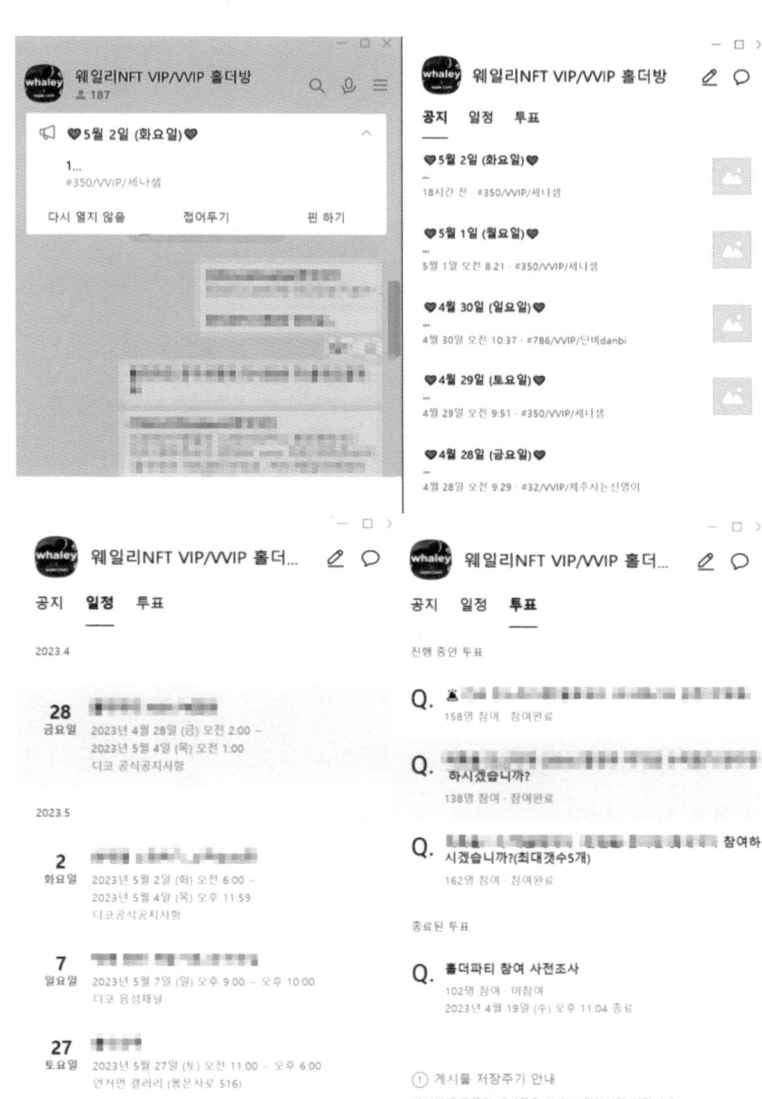

해리컴티 오픈채팅방 활용 예시 (공지 기능/일정 기능/투표 기능)

디스코드(Discord)

'디스코드'는 현재 웹3.0시장에서 커뮤니티 빌딩에 가장 기본이 되는 플랫폼으로 많은 주목을 받고 있다. 디스코드는 채팅, 음성, 비디오 통화, 파일 공유 및 봇과 같은 다양한 기능을 제공하는 통합 음성 및 텍스트 채팅 플랫폼이다. 원래는 게임 커뮤니티를 위한 서비스로 시작했지만, 현재는 다양한 분야에서도 활용하고 있다. 예를 들어, 교육, 비즈니스, 엔터테인먼트 등에서 사용하며, 더욱 다양한 기능들이 지속적으로 추가되고 있다.

또한 디스코드는 '봇(Bot)'이라는 기능을 제공해 사용자가 직접 봇을 만들고 커스터마이징 할 수 있도록 한다. 이 봇 기능은 디스코드에서 사용하는 다양한 기능들을 자동화시켜줌으로써 사용자들의 편의성을 높일 수 있다. 특히 NFT 프로젝트 커뮤니티에서 디스코드는 매우 중요한 역할을 한다. 보통 디스코드에서 NFT 프로젝트의 진행 상황을 알리기 위해 공지사항 또는 이벤트를 게시하는 데 사용한다. 이를 통해 사용자들은 프로젝트의 발전 상황을 지속적으로 파악할 수 있으며, 개발자들은 사용자들의 피드백을 수용하면서 프로젝트를 더욱 발전시킬 수 있다.

해리컴티는 카카오톡 오픈채팅방에서 커뮤니티를 운영하다가 작년 9월에 디스코드 서버를 오픈했다. 해리컴티 크리에이터들은 대부분이 3060이다 보니 디스코드라는 플랫폼 자체가 매우 생소했다. 그래서 매달 디스코드 온보딩 교육을 해주면서 지속적으로 디스코드를 방문할 수 있도록 유도했다. 멤버들이 어려워하는데도 디스코드에 굳이 크리에이터들을 이동시킨 이유는 NFT 프로젝트를 진행하기 위해서였다.

디스코드는 서버에 들어와 있는 커뮤니티 구성원들의 역할에 따른 롤(Role)을 부여할 수 있다. 이 뜻은 디스코드를 활용해서 동일한 커뮤니티 멤버들이라도 홀더와 비 홀더를 역할 부여로 나눌 수 있다는 의미이며, 역할 안에서도 세부적으로 또 롤(Role)을 나눌 수 있다. 해리컴티 커뮤니티 구성원 역할 중심으로 '관리자/커뮤니티 매니저/모더레이터/해리컴티OG/해리컴티' 이렇게 나눈다.

해리컴티는 '웨일리(whaley)'라는 '폴리곤(Polygon) 체인'으로 발행한 1,000개의 'PFP NFT 프로젝트'를 동시에 운영하고 있다. 해당 NFT는 지닌 개수에 따라 'VIP'와 'VVIP'로 멤버십을 구분하는데, NFT 3개를 스테이킹(Staking)해서 라이선스(license)를 획득한 VVIP는 디스코드 내에 'LVVIP' 역할을 부여함으로써 라이선스를 획

득했다는 인증을 해준다. 이처럼 디스코드를 잘 활용하면 커뮤니티 내의 역할에 따른 채널 운영이 가능하며, 멤버십 운영 또한 가능하다.

디스코드 봇은 다양한 명령어를 활용해 서버 내에서 다양한 기능을 수행할 수 있다. 해리컴티 디스코드에서 사용하는 예시를 몇 개 들어보자면, '!출석'이라는 명령어를 사용하면 매일 하루 한 번 출석 체크가 된다. 한 달에 25일 이상 출석 체크를 하면 '출석왕'을 부여한다. 이는 매일 꾸준히 커뮤니티 디스코드를 방문했다는 증거가 되기 때문에 다음에 별도의 보상을 줄 수 있다. '!rank'라는 명령어는 디스코드 내에 본인의 랭킹을 확인하는 명령어다. 랭킹은 디스코드에서 채팅을 많이 할수록 레벨이 높아지는 시스템이다. 이 뜻은 커뮤니티 내에서 소통을 자주 한 사람들일수록 랭킹이 높다는 뜻이다. 이렇게 커뮤니티 내에서 누가 활동을 얼마나 자주 열심히 하는지 봇 기능을 사용하면서 모니터링할 수 있다.

그 외에도 '@everyone'이라는 모든 사용자를 태그하는 명령어를 사용하면, 공지사항을 업로드한 후에 커뮤니티 내의 모든 멤버에게 알림이 갈 수 있도록 할 수 있다. 이처럼 커뮤니티를 좀 더 커스터마이징하게 운영을 할 수 있도록 도와주는 플랫폼이 디스코드다. 하지만 약간의 장애 요소가 있다면 디스코드를 처음 접하는 사람들에게는 조금 어렵다고 느껴지는 시스템이다. 그래서 혹 커뮤니티 운영자가 대중들을 대상으로 디스코드를 이용하겠다고 생각한다면, 커뮤니티 멤버들에게 디스코드 온보딩을 도와주는 것 또한 커뮤니티의 원활한 운영을 위해서는 꼭 필요한 부분이라고 생각한다.

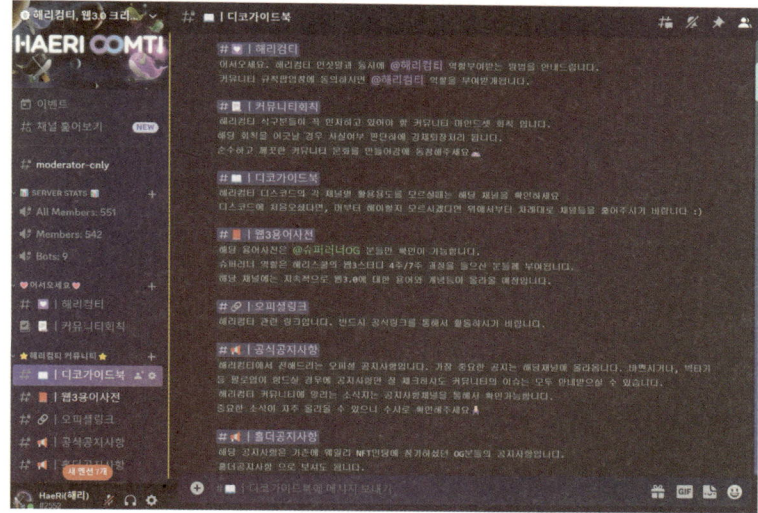

해리컴티 디스코드 서버

온라인 화상회의(채팅) 서비스

커뮤니티를 대상으로 특정 강의를 한다거나, AMA 진행 시에 특정 화면공유 또는 PPT 공유 시에는 온라인 화상회의서비스를 추천한다. 디스코드의 영상 채널에서도 충분히 화면공유가 가능하지만, 25명 이상이 몰리면 영상공유가 100% 안 되는 경우가 있다. 해리컴티 경우 AMA를 진행할 때 최소 70-80명 이상이 몰리기 때문에 부득이하게 다른 방법을 찾아야만 했다. 그래서 선택한 방식이 온라인 화상회의서비스다. 전 세계적으로 가장 많이 사용하는 대표적인 서비스는 '줌(Zoom)'이다. 하지만 개인적으로 추천하는 한국서비스가 하나 있다면, 네이버에서 만든 웹 브라우저 웨일(Whale) 내에 포함된 '웨일 온(Whale ON)'이다.

웨일 온의 장점은 별도의 소프트웨어 설치 없이 웹 브라우저에서 쉽게 접속할 수 있는 점과 시간제한 없이 하나의 회의에 최대 500명까지 참여가 가능하다는 점이다. 단점이 있다면 인터넷 환경에 따라 화질이 떨어질 수 있고, 인터넷 환경이 좋지 않으면 음성 끊김 현상이 발생할 수 있다. 또한 자체 녹화기능이 없어서 녹화가 필요할 때는 별도의 녹화프로그램을 이용해야 하는 번거로움이 있다. 하지만 매일 자주 많은 인원이 아닌 온라인 화상회의를 해야 한다면 웨일온을 추천한다.

해리컴티 온라인 화상채팅 예시

Part 4

지속가능한 커뮤니티 운영을 위한 성공전략

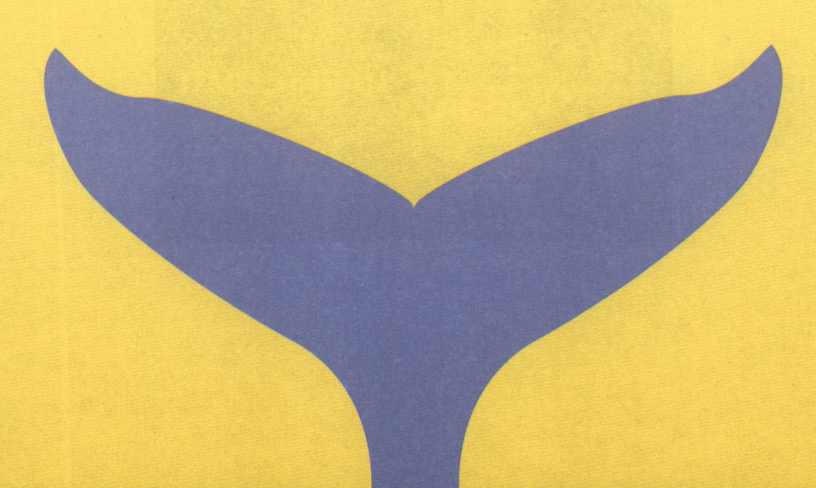

커뮤니티 성장과 발전을 위한
전략 수립과 실행 방법

CHAPTER 1

한동안 NFT 발행을 위해서 발에 부리나케 뛰어다녔었다. 해리컴티 전용 NFT 멤버십을 발행해야겠다고 결정을 내린 시점부터 머릿속에 매일 질문이 떠올랐다. '아무것도 모르는 멤버들을 데리고 어디서부터 어떻게 시작해야 할까?' 참 막막했다. NFT 프로젝트는 사실상 '완판'이 핵심이기 때문에, '완판'을 위해서는 커뮤니티 전체가 이에 대한 이해도가 상당히 높아야만 했다. '그래 제로부터 시작해보자.' 구글 크롬 인터넷을 설치하는 것부터 가르치기 시작했다.

우리 커뮤니티는 언급했다시피 3060세대가 주 구성원이다. 물론 그 이상의 연령대도 있다. 웹3.0이라는 시장을 이해시키기 위해서는 정말 상당한 노력이 필요했다. 왜냐하면 디지털 리터러시 자체가 부족하신 분들도 있었기에, 기본적인 디지털 소양까지 끌어올리면서 웹3.0에 대한 교육을 해야 했기 때문이다. 지금부터 해리컴티가 기존의 크리에이터 커뮤니티에서 웹3.0 커뮤니티로 피봇팅하는 과정 중에 겪은 이야기들과 인사이트를 나눠 보려 한다.

리더는 커뮤니티의 목표와 비전을 설정해야 한다

커뮤니티가 운영되는 목적은 정보교환 공유, 관심사 공유, 사회활동 등 정말 다양하다. 하지만 어떤 목적으로 커뮤니티를 운영하던 '목표'와 '비전'을 설정하는 것은 매우 중요하다. 목표를 설정하는 것은 커뮤니티가 어떤 방향으로 나아갈 것인지를 정하는 것이다. 목표는 커뮤니티 운영자들이 이루고자 하는 궁극적인 목표로, 커뮤니티가 무엇을 중요하게 여기고 어떤 목적을 달성 하려는지를 먼저 파악하고 설정하는 것이 좋다.

예를 들어, '웹3.0 시장에 대한 이해를 높이고, 새로운 시장의 대중화에 기여하는 것'이라는 목표를 설정할 수도 있겠다. 이러한 목표를 설정함으로써, 커뮤니티 운영자들은 커뮤니티의 방향성을 정하고, 커뮤니티 멤버들을 모으는 데에 있어서 명확한 방향성을 제시할 수 있게 된다.

목표를 설정할 시에 몇 가지 주의할 점들이 있다. 커뮤니티 목표를 설정할 때는 가능한 현실적인 목표를 설정하는 것은 추천한다. 현실적이지 않은 목표를 설정하면, 목표를 달성하지 못하고 실패할 가능성이 커진다. 현실적인 목표를 설정하게 되면 달성 가능성이 커져 커뮤니티 구성원들의 의욕과 열정을 유지할 가능성이 함께 커진다. 목표를 설정할 때는 커뮤니티의 장기적인 큰 규모의 목표를 설정하는 것 또한 좋지만, 빠르게 달성할 수 있는 단기목표를 우선 설정하는 것이 좋다. 단기목표는 장기 목표를 위한 중간 단계로 이해하면 좋을 것 같다.

커뮤니티 목표설정은 커뮤니티 구성원들의 '참여'와 '공감'이 필요한 부분이다. 목표설정 시에 구성원들의 의견을 수렴하는 것 또한 매우 중요하다. 최대한 구성원들이 목표설정에 참여하고, 의견을 내어주면 보다 다양한 아이디어와 의견을 수집할 수 있다. 실제로 커뮤니티를 운영하면서 자주 겪은 부분이 커뮤니티의 단기 목표가 커뮤니티 멤버들로부터의 의견을 통해 설정된 경우가 정말 많았다. 커뮤니티 구성원들의 니즈가 파악됐을 때는 이런 질문을 가장 많이 했던 것 같다. '그 니즈를 해결한다면 커뮤니티의 장기 목표에 조금이라도 가까워질까?'라는. 그렇다고 판단됐을 때는 곧바로 해당 니즈에 대한 해결 방법을 찾아다녔고, 곧바로 수행하려는 노력을 정말 많이 했던 것 같다.

커뮤니티가 커뮤니티 구성원들의 니즈를 충족시켜주기 위해 무던히 애를 쓰는 모습과 이에 대한 진정성이 보이면, 자연스레 커뮤니티에 대한 신뢰와 애정이 생길 수밖에 없을 거로 생각한다. 해결책을 제시하고 기대 이상의 니즈 충족이 된다면, 이때부터는 커뮤니티에 대한 애정과 참여도는 자연스레 높아진다. 그래서 목표를 설정할 때는 최대한 구체적으로 설정해야 한다. 목표가 구체적이라면, 달성하는 데 필요한 자원이 무엇인지, 어떤 일을 해야 하는지 등을 파악하기가 수월해진다. 구체적인 목표를 설정하면 커뮤니티 구성원들이 목표를 이해하기가 쉬워지고 협력해 함께 달성할 수 있다.

특히 커뮤니티 구성원들이 목표 달성을 위해 함께 협력하고, 이에 관한 결과가 좋다면 커뮤니티의 단합력 또한 상승한다. 협력이라는 것을 통해 커뮤니티 내에서 추억이 생기는 것과 같은 경험을 하게 되면서, 서로가 그 경험을 공유하는 감정선이 형성되기 때문이다. 해리컴티는 크리에이터 커뮤니티다 보니, 콘텐츠에 관련된 이벤트를 단기목표 설정과 연결해서 진행한 경우들이 자주 있었다. 이벤트를 많이 참여했을 경우 커뮤니티 구성원들에게 좋은 기회가 있다면 이 또한 미리 투명하게 공유했다.

커뮤니티 소식을 즉각적으로 공유함에 따라 커뮤니티의 작은 목표가 커뮤니티 전체의 목표로 전환되는 좋은 역할을 했고, 커뮤니티 구성원 모두가 목표를 달성하기 위해 다같이 한 방향을 향해 으쌰으쌰

움직이게 했다. 결과는 너무나 당연했다. 해리컴티가 커뮤니티 구성원들과 단기목표를 지속적으로 달성하는 경험이 결국 커뮤니티의 화력과 현재의 신뢰도를 만들어 낸 것이 아닐까 생각한다.

목표를 설정한 다음에는 '비전'을 설정해야 한다. 커뮤니티 목표가 달성하고자 하는 구체적인 목적을 의미한다면, 비전은 커뮤니티가 추구하는 '미래상'이라고 생각한다. 비전은 보통 추상적이고 구체적이지 않으며, 달성이 어려울 수도 있다. 예를 들어, '사회적으로 영향력 있는 OOO 커뮤니티 구축하기'와 같은 것이다. 비전은 커뮤니티의 핵심 가치와 목표를 결정하고, 장기적인 방향성을 제시하는 역할을 한다. 그러므로 비전을 설정할 때는 커뮤니티가 향하고자 하는 목표와 방향성을 명확하게 정의해야 한다. 그래야 커뮤니티의 모든 구성원이 그 목표를 공유하고 일관성 있는 노력을 할 수 있다.

비전은 커뮤니티가 새로운 도전과 성장을 추구하도록 도와주는 역할을 한다. 비전이 모든 구성원에게 쉽게 이뤄질 수 있는 목표로만 설정돼있으면, 구성원들의 참여 의욕은 오히려 떨어질 수도 있다. 커뮤니티 내에 약간의 긴장감을 유발할 수 있는 목표를 설정한다면, 이는 오히려 커뮤니티 구성원들이 더 열심히 노력하고 참여할 수 있는 원동력이 될 수 있다. 따라서 커뮤니티 리더는 비전을 구축하는 과정에 이해관계를 만들어 구성원들이 비전을 공감하고 참여하게 하는 것이 중요하다고 생각한다.

현재 해리컴티의 목표는 '다잘잘 실현'이다. 해당 슬로건이 실현된다면 그 자체가 커뮤니티의 비전이 될 수 있다고 생각한다. '다잘잘'이라는 뜻은 '다같이 잘 먹고 잘살자'라는 뜻이다. 커뮤니티의 슬로건이 나오게 된 배경도 결국 커뮤니티 멤버들의 공통된 목표와 니즈를 알게 됐을 때 비로소 완성됐다. 현재 커뮤니티 구성원들 모두가 커뮤니티 슬로건에 동의했으며, 이를 실현하기 위해 커뮤니티가 무던히 노력했다는 사실을 알고 있다. 이처럼 커뮤니티의 모든 멤버가 커뮤니티의 목표와 비전을 쉽게 이해하고 명확하게 인지했을 때 비로소 커뮤니티의 진정한 가치가 실현된다.

커뮤니티가 목표를 설정했다면 그 목표를 달성하기 위해서는 커뮤니티 구성원들이 적극적으로 참여하고 협력할 수 있어야 한다. 커뮤니티 구성원들이 목표에 대해 인식하고, 목표를 달성하기 위한 중요성을 느낄 수 있도록 커뮤니티 측에서도 적극적인 참여 유도와 노력이 필요하다. 주기적으로 AMA를 진행해 커뮤니티 구성원들에게 목표와 관련된 내용을 언급하던지, 참여를 높일 수 있는 이벤트를 진행할 것을 추천한다. 또한 커뮤니티 구성원들이 서로 의견을 나누고 소통을 통해 목표 달성을 위한 방법을 찾아갈 수 있도록, 활발한 커뮤니케이션을 촉진하는 것이 중요하다.

디스코드 또는 오픈채팅방을 통한 소통 채팅, 비대면 화상회의 등 다양한 방법을 활용해 구성원들 간의 소통을 이어 나가야 한다. 그 안에서 목표를 달성하기 위해 구성원들 간의 역할을 분담하면 더욱 좋다. 커뮤니티 멤버들이 역할에 대한 부담감을 느끼지 않도록 관리하는 것 또한 중요하다. 그래서 가장 추천하는 방법이 있다면 역할을 분담하기 전에 커뮤니티의 방향성과 목표를 사전에 공유하고, 구성원들의 자발적인 지원을 통한 커뮤니티 운영이 가장 수월하다. 보통 지원하는 커뮤니티 멤버들은 평소에 커뮤니티에 매우 적극적이거나 개인적으로 커뮤니티에 고마운 마음을 지니고 있는 분들일 가능성이 크다. 그래서 커뮤니티 운영자는 커뮤니티 멤버들이 자연스레 커뮤니티에 기여하고 싶다는 마음이 들게끔 운영하는 것이 중요하다.

작은 단기목표라도 달성했다면 그 결과물을 측정하고 투명하게 커뮤니티에 공유하는 것이 좋다. 결과가 좋을수록 이를 통해 커뮤니티 구성원들은 목표 달성이 가능하다는 자신감을 얻게 되어 결속력과 소속감을 더 강하게 느끼게 된다. 커뮤니티 구성원들이 커뮤니티에 대한 소속감을 느끼게 된다는 것은 정말 엄청난 신호다. 커뮤니티 자체에 속해 있다는 사실이 더욱 기대되고, 뿌듯하다는 마음이 들어야 커뮤니티 활동도 더욱 자발적이며 지속적으로 하게 된다.

성과 측정과 공유는 목표 달성의 유무뿐만 아니라 커뮤니티 운영자와 구성원들의 노력과 역량을 인정하고 보상하는 기회로도 활용할 수 있다. 비로소 보다 나은 방향으로 나아갈 수 있도록 지속적인 피드백과 개선이 이뤄질 수 있다.

전략 실행을 위한 프로젝트 관리 노하우

해리컴티는 '웨일리(whaley)'라는 NFT 프로젝트를 동시에 운영하고 있다. 그리고 해당 NFT를 지닌 홀더(Holder)들은 VIP와 VVIP 두 가지 멤버십 혜택을 누릴 수 있다. 그 혜택을 NFT 용어로는 '유틸리티(Utility)'라고 부른다. 내가 유틸리티 멤버십시스템을 기획했던 이유는 단 하나였다. 해리컴티 식구들이 커뮤니티에 더욱 애정을 갖고, 커뮤니티 안에서 다양한 기회를 얻어가고, 최종적으로는 개개인이 멋진 크리에이터로서 성장하기를 바라는 마음뿐이었다. 커뮤니티의 목표와 성장을 위해서는 장기적으로 지속가능한 커뮤니티 운영기획이 필요했고, 커뮤니티 구성원들 간 더욱 끈끈한 결속력이 필요하다고 생각했다.

NFT라는 수단은 멤버십 운영에 정말 최적이라고 생각한다. NFT는 'Non-Fungible Token'의 약자로, 본질적으로 블록체인 위에 기록된 '디지털자산'을 뜻한다. 디지털자산이 블록체인 위에 기록되는 순간 다양한 가치를 띄게 되는데 대표적인 성질이 '희소성'이다. 블록체인 기술을 사용하여 NFT를 생성할 때 각각의 NFT는 고유한 식별자를 갖게 된다. 이러한 고유성은 해당 자산이 디지털상에서 고유하다는 것을 보장하며, 이에 따라 NFT의 가치 또한 상승할 수가 있다.

또한 NFT의 거래가 일어날 때마다 각각의 자산별로 거래 히스토리가 기록되고 모든 이들에게 투명하게 공유된다. 이는 NFT를 소유하는 사람이 해당 자산의 공식적인 소유자임을 입증할 수가 있다. 이 외에도 NFT는 경매를 통한 가격 형성, 재판매 수익 등 다양한 수익의 기회도 지니고 있다.

이러한 다양한 NFT 장점들 때문에 해리컴티에도 NFT 프로젝트를 도입하기로 결심했다. 단, NFT의 특성상 영구성을 띠기 때문에 NFT를 지닌 홀더(Holder)들에 주어지는 혜택에 대해서 촘촘히 기획해야만 했다. 커뮤니티가 홀더들에 어떠한 혜택을 지속적으로 꾸준히 제공할 수 있을까에 대한 고민을 정말 많이 했다.

대부분의 NFT 프로젝트들은 사업체로 돌아가기 때문에 NFT의 민팅 가격에 합당한 기존서비스를 제공한다거나, 특정 기간 동안 사업체에 무리가 없는 정도의 유의미한 혜택을 제공했다. NFT 프로젝트는 커뮤니티 구성원들의 참여와 상호작용을 촉진하는 수단이 될 수도 있으며, 특히 프로젝트가 홀더들에게 수익성이 될 수 있는 운영을 하게 된다면, 적극적인 활동을 지속하는 멤버들이 상당수 존재하게 된다.

NFT 프로젝트의 장점 중 하나는 또 다른 NFT 프로젝트와 다양한 '협업'의 기회가 열리는 것이다. 물론 커뮤니티 간의 이해관계가 성립돼야 하며, 커뮤니티 간의 콘셉트가 뚜렷해야 하는 전제를 필요로 한다. 커뮤니티가 뚜렷한 정체성을 지니고 있고, 눈에 띄는 화력을 지니고 있다면 타 커뮤니티와의 협업은 어렵지 않게 진행될 가능성이 크다.

커뮤니티에 NFT 프로젝트를 도입하면서 장점 외에 분명 단점도 존재했다. 해리컴티의 NFT 프로젝트 웨일리(whaley)는 1,000개의 PFP(Profile Picture)로 발행됐다. 그중 총 800개가 민팅 됐는데 기획 당시 정말 걱정이 이만저만 아니었다. 민팅 당시 디스코드에 약 400명이 조금 넘는 인원수가 있었고, AMA를 진행하면 평균적으로 들어오는 인원수가 약 200여 명 즉, 민팅에 참여할 인원으로 보여지는 인원수는 고작 200명이었다. 200여 명을 데리고 4배수에 달하는

NFT 민팅을 완판하려는 목표를 세우고 나니 정말 눈앞이 깜깜했다. 게다가 민팅에 민자도 모르는 분들을 모시고 말이다. 그래서 민팅 전에 반드시 해결해야 할 미션이 커뮤니티 멤버들의 NFT에 관한 지식을 높이는 것이었다.

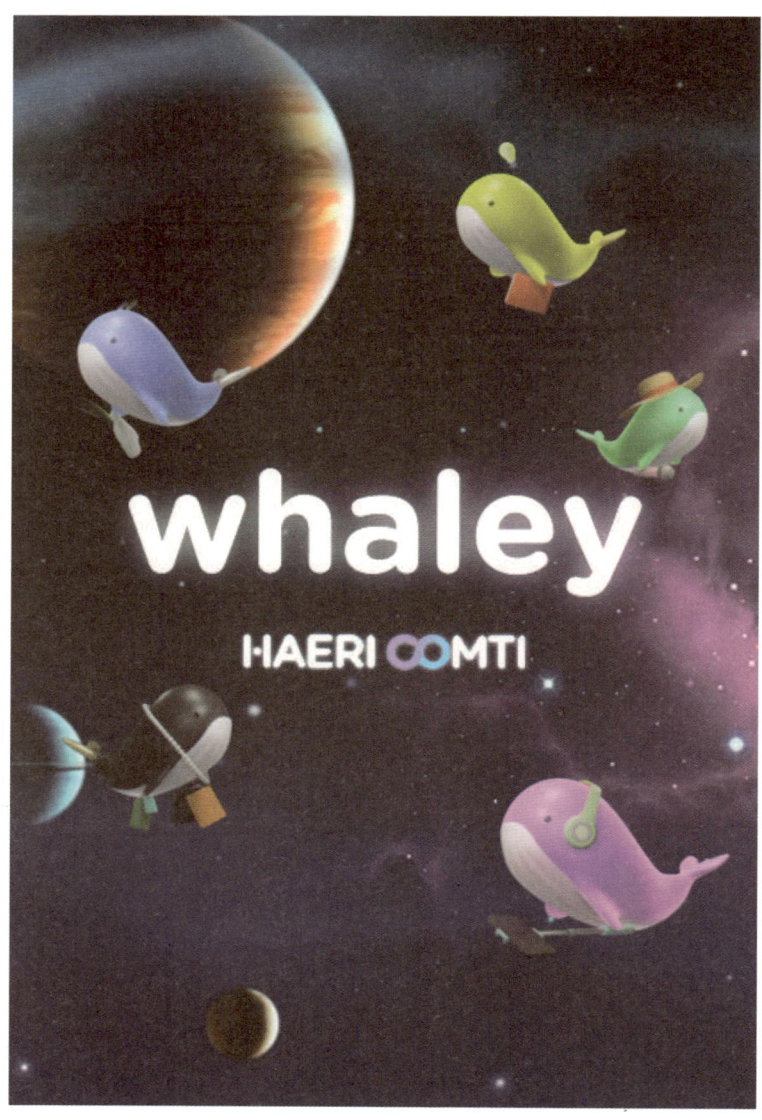

웨일리(whaley) NFT 프로젝트 메인 배너

매주 2~3시간을 온라인 화상 채팅으로 웹3.0 스터디를 진행했다. 생소한 단어와 용어들에 머리 아파하던 커뮤니티 멤버들을 볼 때마다 쉽지는 않았지만 포기하지 않았다. 완판이라는 목표를 위해서는 꼭 필요했던 시간이었다. 한 달, 두 달, 석 달째가 됐을 때 '이제는 커뮤니티 멤버들의 웹3.0 지식이 많이 성장했겠지?' 라고 생각했던 때 오프라인 수업을 한 번 하고 나선 나의 민팅 계획이 와르르 무너진 경험도 있었다. 멤버들은 내가 생각했던 것 보다 훨씬 더 웹3.0을 어려워했다. 오프라인 수업 이후 과감하게 민팅 일정을 뒤로 미루고, 커뮤니티 실력을 높이는 길을 선택했다.

그래서 도입하게 된 시스템이 바로 '멘토 시스템'이다. 우리는 이 시스템을 2학년이 1학년을 가르치는 시스템, 초보가 왕초보를 가르치는 시스템이라고 부른다. 그리고 4주 동안 전국적으로 멘토들을 선정했고, 각각의 멘토가 매주 다른 주제를 선정해 지역별로 스터디를 시작했다. 그렇게 스터디에 참여한 인원이 약 200여 명. 혼자서는 힘들었을 텐데, 민팅 완판이라는 나의 목표가 커뮤니티 전체의 공동목표가 되는 순간 너나 할 것 없이 커뮤니티 멤버들이 서로서로 돕기 시작하는 현상이 일어났다. 처음 스터디를 진행하는 멘토들도 막상 상황에 닥치니 더욱 공부를 열심히 하게 됐고, 누군가를 가르치면서 결국 본인들이 성장한다는 사실 또한 깨닫게 됐다.

그렇게 전국적으로 퍼져있는 해리컴티 커뮤니티의 멤버들이 다같이 민팅 완판이라는 목표를 달성하기 위해 또 한 달 넘게 열심히 공부했다. 그리고 결국 우리는 퍼블릭에서 1분 완판이라는 민팅 완판 신화를 썼다. 심지어 크립토 시장이 가장 열악했던 2022년 12월 마지막 주였다. 커뮤니티 리더의 진심이 멤버들에게 고스란히 전해졌을 때 그리고 그 뜻을 함께 이루고 싶어 하는 염원이 가득 찬 커뮤니티가 됐을 때의 화력은 겪어보지 않은 사람은 모른다. 말로 표현하지 못할 만큼 벅차면서도 동시에 엄청난 무게의 책임감이 뒤따라온다. 하지만 그 부담감만큼 커뮤니티라는 것은 가치가 있음이 분명하다.

민팅 완판 직후, 믿어지지 않는 현실에 몇 시간을 울었던 기억이 떠오른다. 주변의 웹3.0 현업에 종사하는 대부분 사람이 나의 민팅 기획을 보고 쉽지 않을 거라는 평을 내렸을 때, 나는 오히려 반대로 증명하고 싶었다. 커뮤니티가 받쳐주면 가능한 일이라는 것을. 불가능으로 보이는 것에 도전함으로써 성공이라는 결괏값을 만들어냈을 때의 그 쾌감 또한 정말 말로 표현할 수 없을 만큼 짜릿했다. 이 모든 것이 커뮤니티의 응집력 때문에 가능하다는 것을 많은 사람이 알았으면 좋겠다.

해리컴티 NFT 완판 소식 카드 뉴스

자낳괴(자본주의가 낳은 괴물)/슈퍼러너(Super learner)
풀콜렉션 웨일리(whaley) PFP NFT 이미지

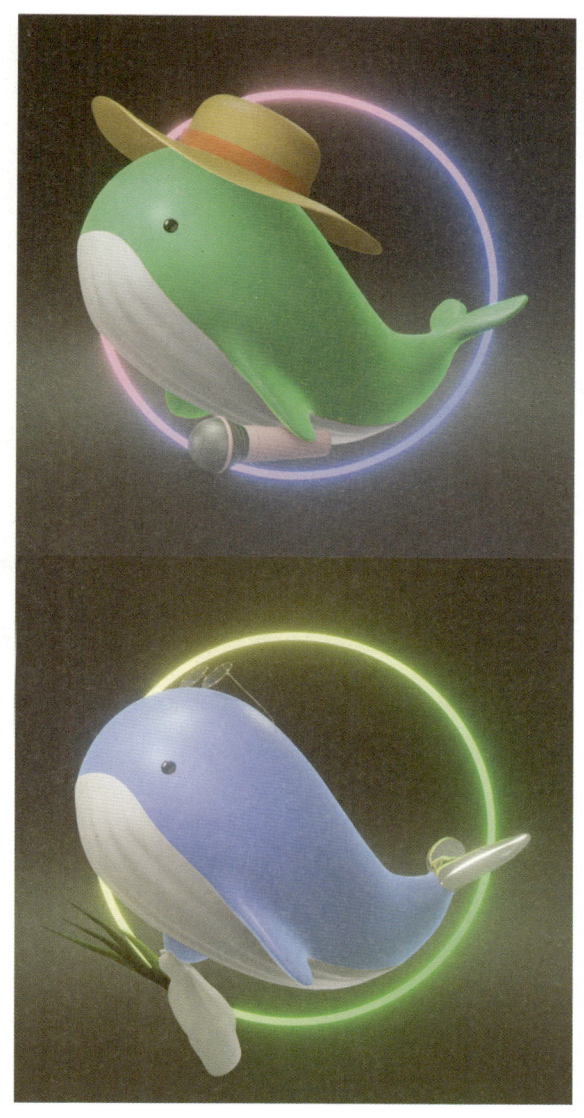

드리머(Dreamer)/영포티(Young Forty)
풀 콜렉션 웨일리(whaley) PFP NFT 이미지

크리에이터(Creator)
풀 콜렉션 웨일리(whaley) PFP NFT 이미지

무엇보다 중요한 것은 커뮤니티 구성원들의 피드백이다

NFT 프로젝트의 성공을 끌어내기까지 사실 쉽지만은 않았다. 확연히 차이가 나는 지식의 갭도 메꿔야 했고, 처음 접하는 민팅 시스템에도 적응시켜야만 했다. 그럴수록 나는 지속적으로 커뮤니티 구성원들에게 질문을 던졌다. 무엇이 가장 어려운지, 어떤 부분이 해결됐으면 하는지, 현재 본인의 이해도는 어느 정도인지 등 지속적으로 구글폼을 만들어서 제공했다. 그리고 커뮤니티에 따라가고 싶은 멤버들은 적극적으로 구글폼 제출을 했다. 이처럼 커뮤니티의 목표를 달성하기 위한 과정 중에서 커뮤니티 구성원들의 피드백은 세상 가장 중요하다고 생각한다. 결국 커뮤니티의 성장은 커뮤니티 구성원들이 얼마나 커뮤니티의 뜻에 잘 따라오는지에, 얼마나 많은 멤버가 뜻에 동참하는지에 달렸다.

그 과정 중에 분명 중도 포기자가 나올 수도 있고 포모(FOMO, Fear of Missing Out)를 느끼는 멤버들이 나올 수밖에 없다. 커뮤니티 운영자는 이를 빠르게 캐치해야 한다. 이 부분을 놓치게 되는 경우 결국 커뮤니티 구성원들의 이탈이 일어나게 되며, 뜻을 함께하고자 하는 멤버들이 줄어들 수밖에 없다. 커뮤니티 멤버들이 어떤 생각으로 커뮤니티 활동에 참여하는지, 커뮤니티에서 활동함으로써 얻고자 하는 것은 무엇인지, 커뮤니티 활동하면서 어떤 점이 만족스러운지 등등의 생각을 자주 피드백 받으면 커뮤니티 운영이 좀 더 수월하게 된다. 그리고 커뮤니티의 성장 방향성이 분명하게 보이게 된다. 피드백은 커뮤니티 성장에 가장 큰 자양분이 된다는 사실을 잊지 않았으면 좋겠다.

커뮤니티를 브랜드화 시켜라

커뮤니티를 브랜드화 한다는 것은 해당 커뮤니티를 인식하고 알리기 쉽게 만든다는 것을 의미한다. 커뮤니티의 활동을 보다 전문적이고 구체적으로 만들어 '브랜드 이름'으로 인식될 수 있도록 하는 것이 중요하다. 브랜드화된 커뮤니티는 해당 분야에서 인지도를 높여 새로운 멤버를 모집하거나, 협력 파트너와의 제휴 등에 도움이 된다. 더 나아가 B2B(Business to Business, 기업간거래)와 같은 비즈니스모델 구축도 가능해진다.

브랜드화된 커뮤니티는 자연스레 지속가능성을 확보할 수 있게 된다. 일관된 분위기와 느낌을 제공함으로써, 멤버들 간의 상호작용을 촉진한다. 이는 커뮤니티 내에서 높은 활동성과 참여도를 유지할 수 있는 기반을 제공한다. 실제로 해리컴티는 커뮤니티 멤버들에게 자주 하는 말이 있다. "우리의 주된 정체성은 크리에이터입니다"라고.

그래야 커뮤니티의 멤버들이 본인들이 속해 있는 커뮤니티가 '크리에이터 커뮤니티'라는 것에 대한 인식이 생기게 된다고 믿었다. 그때 비로소 커뮤니티 멤버들의 소속감이 두터워진다고 생각한다.

커뮤니티를 브랜드화 시키는 방법은 간단하다. 우선 커뮤니티를 대표할 수 있는 고유한 '이름'과 '로고'를 선택하는 것이다. 이름과 로고는 해당 커뮤니티의 분위기와 캐릭터를 잘 나타내야 한다. 브랜드화된 커뮤니티는 일정한 콘텐츠 전략을 가져가는 것을 추천한다. 이는 해당 분야에서 일관된 분위기와 느낌을 자아내고, 더 쉽게 브랜드를 인식할 수 있도록 도움을 준다.

SNS를 적극적으로 활용하는 것 또한 추천하고 싶다. 블로그, 트위터, 인스타그램 등을 활용해 브랜드의 인지도를 높이고 홍보함으로써, 커뮤니티의 새로운 멤버를 모집하는 것이다. SNS를 활용할 때의 장점은 해시태그(#)를 이용할 수 있다는 점이다. 커뮤니티의 멤버들이 특정 해시태그를 일관성 있게 기재해 콘텐츠를 업로드하다 보면 온라인상에서 동일한 해시태그로 커뮤니티의 다양한 콘텐츠들이 묶이게 된다. 하나의 해시태그에 묶인 다양한 콘텐츠들은 결국 커뮤니티의 색을 자연스레 나타내는 수단이 된다. 이를 통해 커뮤니티의 인지도를 높이고, 지속가능성을 확보할 수 있다.

해리컴티 브랜드 구성요소

해리컴티 커뮤니티 멤버들의 생각 공유(익명 인터뷰) -5

Q. 해리컴티가 지닌 가장 큰 장점(비전)은 무엇이라고 생각하시나요?

A. (익명 인터뷰 답변을 가감 없이 100% 있는 그대로 가져온 전문입니다.)

5. 해리컴티가 지닌 가장 큰 장점 (or 비전)은 무엇이라고 생각하나요?

공동체 구성원의 성장 도우미 그리고 동기부여 부스터라고 생각함

새로운 변화에 대해 빠르게 인지하고, 그런 인사이트들을 항상 커뮤니티멤버와 나누고자 하는 마음.

하나에 안주하지 않고 더 나은 더 멋진 꿈을 불어넣어주면서 생각하지 못한 부분들 까지 멀리 내다보고 차근 차근 단계대로 이끌어주시어 함께 다잘잘의 의미를 실천하는것 이라고 생각합니다.

영포티 집단이지만 웹3.0을 대부분 이해하고 계속 공부를 해나가면서 성장하는 것이라 생각합니다. 그에 따르는 자존감도 높고요. 어딜가나 해리컴티가 붙으면 우리 식구구나 애정이 갑니다.

해리컴티의 장점은 개개인의 능력도 중요하지만 함께 한다는 마음 정신이 큰장점이라 생각합니다

시대를 읽는 탁월한 눈을 가진 해리쌤과 열심히 따라가는 해리컴티의 가족들. 니즈와 현 시점을 반영한 강의제공이 큰 장점이고 이를 통한 발전 가능성이 크다고 생각합니다.

※ 익명 인터뷰 답변을 가감 없이 100% 있는 그대로 가져온 전문입니다.

5. 해리컴티가 지닌 가장 큰 장점 (or 비전)은 무엇이라고 생각하나요?

실용적인 비즈니스 인프라 보유로 새로운 직업군에 진입할 기회가 있음. 강력한 구매력과 마케팅을 갖은 영포티 크리에이터 집단.

이론만이 아닌, 배운 걸 실제 활용할 기회를 접할 수 있어요.

웹3를 이해하는 진정한 크리에이터 집단이라는 점

명확한 목적성을 가지고 큰 그림을 그리며 그것을 반드시 이루어 가고자 하는 해리쌤의 열정과 그것을 도와 함께 가고자 하는 많은 커뮤니티 회원분들이 함께 하다 보니 AMA를 들을 때도 그렇고 해리 스쿨의 강의를 들을 때도 그렇고 듣고 나면 내가 지금 무엇을 해야 하는지 그리고 어떤 그림을 그리면서 가야 하는지 명확하게 그려줍니다. 해리컴티는 웹3.0 세상에서 정말 날개 달고 비상할 것을 믿어 의심치 않습니다. 비지니스는 더욱 확장할 것이고 개개인의 역량을 확장하여 함께 성장해나갈 커뮤니티라고 생각합니다.

팀활력+참여도+공동체+선한 영향력

웹2에서 웹3로 가는 길목에서 해리컴티가 bridge 역할을 하여 슈퍼개인이 될 수 있는 가능성을 열어주는 커뮤니티

※ 익명 인터뷰 답변을 가감 없이 100% 있는 그대로 가져온 전문입니다.

5. 해리컴티가 지닌 가장 큰 장점 (or 비전)은 무엇이라고 생각하나요?

이 곳에 내용을 입력하세요

모두가 크리에이터라는 공통점을 가지고,
이를 중심으로 다양한 활동을 이어 나갈 수 있다는 점
(강사, 다양한 크리에이터 활동 등)

같이 성장할 수 있게 재반복 공부시켜주고
함께 꿈을 이루기에계속 체크하고
변화의 물결을 타고 함께 가는 해리컴티

개인의 성장과 성공이 커뮤니티의 성장과 성공이라 생각하며,
1인 미디어시대에 1인 크리에이터로서 성장과 성공을 할 수 있는 다양한
기회를 제공해 주고 있으며 해리선생님 또한 커뮤니티 성장을 위한
다양한 행보를 커뮤니티 멤버들에게 알리고 공유하며
함께 커뮤니티에 자발적 참여를 이끌어 주고 있어요...
AMA를 통해서 해리컴티 커뮤니티의 비젼을 지속적으로 공유해 주면서
그에 대한 준비를 할 수 있도록 해줍니다.
오늘보다 내일이 더 기대되는 커뮤니티라 신뢰하며 활동하고 있습니다.

나이에 국한되지 않고, 열심히 하는 크리에이터에게 기회가 오는 점.

숏폼시대를 선도해나갈 크리에이터 배출.
철저한 교육시스템비전을 바라보는 통찰력

공정. 솔직. 말한대로 행동하고 비슷한 속도로 갈수 있도록
이해될 때까지 도와줌.
시니어가 있는 멋진 문화 존재

※ 익명 인터뷰 답변을 가감 없이 100% 있는 그대로 가져온 전문입니다.

커뮤니티에 대한 구성원들의 익명 인터뷰 5 (출처: 해리컴티)

지속가능한 커뮤니티 운영을 위한 핵심 요소

CHAPTER 2

커뮤니티는 리더와 구성원 간의 '신뢰성'에서 시작된다

커뮤니티 구성원들은 결국 커뮤니티 운영자의 마인드를 보고 따라간다. 운영자가 어떤 생각과 마음가짐으로 커뮤니티를 대하느냐에 따라서 그 진심은 고스란히 전달되게 돼 있다. 척하지 마라. 사람은 감각적인 동물이기에 척하면 다 알아본다. 진심으로 다가가고, 진심으로 커뮤니티를 운영하라. 그리고 끊임없이 커뮤니티에 관심을 두고 지켜보며 직접 소통해야 한다. 아무리 커뮤니티 매니저와 모더레이터가 존재한다고 하더라도, 결국 운영자가 직접 소통하지 않으면 오래가지 못한다고 생각한다.

화려한 레스토랑에 손님으로 가서 파스타를 주문해서 먹고 있다고 상상해보자. 홀 매니저가 다가와서 음식이 어떠냐고 물어보는 것과 주방에서 쉐프가 직접 나와서 입맛에 맞냐고 물어보는 것의 차이는 어떨 것 같은가? 아마도 체감도가 확연히 다를 것으로 생각한다. 나라면 쉐프의 진심에 반해 다음에 또 찾아가게 될 것 같다. 그리고 그 레스토랑은 분명 오래갈 것이고, 성공할 것이라고 확신한다. 간단한 예시이지만, 이보다 더 좋은 예시는 없을 것 같다. 가게를 누가 지키느냐, 누가 손님과 소통하느냐 그리고 가게에서 제공하는 서비스가 어떠하냐가 그 가게의 성패를 나눈다.

커뮤니티의 리더와 구성원 간의 신뢰 형성 방법은 간단하다. 리더는 진심으로 커뮤니티를 운영하는 모습을 보여주고, 내뱉은 말에 책임을 지며, 지속적으로 약속을 지키면 된다. 말만 하는 것은 어려운 일이 아니다. 진심은 결국 행동에서 나오기 마련이다. 커뮤니티를 생각하고 아끼는 마음이 어느 정도냐에 따라서 리더의 행동과 말투가 달라진다. 커뮤니티 리더, 절대 왕 놀이하지 마라. 커뮤니티 리더는 대접받는 위치가 아니고, 오히려 그 누구보다 더 많이 발로 뛰어야 하는 자리이다. 커뮤니티에 함께해주는 구성원들에게 늘 감사한 마음을 지니고 있어야 한다. 그리고 진심으로 감사하게 여겨야 한다.

한 사람의 비전에 누군가가 공감해주고 동의해주고 함께 걸어가 주는 것은 참 멋진 일이다. 그리고 그 관계 속에서 신뢰가 형성되기까지는 시간이 걸린다. 또한 일정 수준 이상의 사람들이 모이게 되면 분명 오해라는 것 또한 발생할 수 있다. 이유는 모두가 다 각기 다른 사람이 모여있는 집단이기 때문이다. 오해는 또 다른 오해를 낳기 마련이기에, 커뮤니티 멤버 누군가가 오해하고 있다는 사실을 알았을 경우 최대한 신속하게 진실을 전달할 필요도 있다. 이처럼 커뮤니티 리더는 커뮤니티 구성원 간의 신뢰를 쌓고 유지하는 것이 참 중요하다. 특히 눈에 보이지 않는 비전에 동의한 집단일수록 더욱 중요하다. 리더는 늘 내뱉은 말을 지켜내려는 노력과 행동을 해야 함을 절대 잊지 말아야 한다. 그래야 어제보다 더 나은 커뮤니티가 될 수 있다.

커뮤니티 운영과정을 얼마나 투명하게 공개해야 할까?

커뮤니티가 성장함에 따라 다양한 기회들이 찾아올 수 있다. 그 과정속에서 커뮤니티 구성원들과 현재 커뮤니티의 위치를 투명하게 공유할 필요가 있다. 그래야 현재 내가 속한 커뮤니티가 어느 정도로 성장했는지, 앞으로는 어떤 비전을 그려 나갈 수가 있는지 구성원들이 유추할 수 있게 된다. 커뮤니티를 운영하는 중에 구성원들에게 궁금한 부분이 생기면 가감 없이 물어보라. 질문하고 커뮤니티 구성원들의 솔직한 내면의 이야기를 들으려 노력하라. 그래야 리더와 구성원 간에 오해가 쌓이지 않고, 투명한 관계를 유지할 수 있다.

'투명성'은 곧 '신뢰도'와 연결된다. 그래서 리더는 앞과 뒤가 다르면 안 된다고 생각한다. 연극은 늘 끝나기 마련이다. 이에 노하우가 하나 있다면, 리더가 늘 건강한 생각을 하는 습관을 갖고 있으면 불화가 덜 생길 수 있다. 부정적인 생각보다는 긍정적인 생각을, 남 탓 보다는 나에게 문제가 없었는지를 먼저 생각하기를 바란다. 틀린 게 아니라 다르다는 생각을, 안된다는 말보다는 무조건 된다는 확언을 입에 달고 살아라. 그러면 언젠가 되게 돼 있다. 많은 사람이 말한다. 리더의 자리는 외롭다고. 직접 경험해보니 실제로 고독하고 외로울 때가 많이 찾아오는 것 같다. 그럴 때마다 동기부여가 되는 것은 결국 커뮤니티 멤버들의 진심 어린 응원과 격려의 메시지이다.

커뮤니티를 진심으로 대하고, 진심으로 참여하는 멤버들을 보면 사실 외로울 새가 없다. 또한 리더도 사람이기에 늘 완벽할 수 없다. 그 또한 투명하게 공유하는 것을 추천한다. 나 같은 경우 별명이 허당이다. 일할 때만큼은 완벽주의자 같아 보일지라도, 알고 보면 구멍이 숭숭 뚫린 허당 캐릭터다. 난 나의 이러한 부분들이 드러나는 것을 두려워하지 않는 편이다. 오히려 더 솔직해지는 것 같아서 담백하고 재밌다. 이런 인간미에 오히려 매력을 느끼는 사람들도 있었다. 그러니 늘 완벽하려 하지 마라. 비어 있는 공간을 감추려 할수록 다른 부분이 부각 돼 보이면서 점점 자신을 지켜내기 어려워질 수 있다.

사람은 완벽할 수가 없다. 물론 완벽한 사람이 있을 순 있겠지만, 경험상 사람은 가장 나다울 때가 가장 매력적이라고 생각한다. 리더가 생각하는 구조 자체가 솔직하다 보면, 커뮤니티 운영은 자연스럽게 투명하게 운영된다. 커뮤니티의 투명성은 리더가 진심으로 커뮤니티를 탈중앙화답게 운영하다 보면 자연스럽게 투명해지는 것으로 생각한다.

커뮤니티만의 특별한 '문화'를 형성하라

하루는 커뮤니티에 이런 질문이 올라왔다. '해리컴티도 해리컴티만의 용어문화 만들면 안 돼요?'라고. 커뮤니티 활동을 하는 사람들은 보통 하나의 커뮤니티에서만 활동하지 않는다. 다양한 커뮤니티에 속해져 있으며 본인에게 필요한 부분에 맞게 활동하곤 한다. 다른 커뮤니티에서 그들 만의 리그처럼 커뮤니티 전용 언어를 사용하는 것이 부러웠는지 우리도 만들자는 제안이 올라왔다. 커뮤니티 문화는 어떻게 만들어 나가는 것이 좋은 걸까?

해리컴티는 커뮤니티의 목표와 비전이 담긴 슬로건과 NFT 프로젝트명 안에서 용어가 탄생했다. '다같이 잘 먹고 잘살자'라는 슬로건을 영어로 하면 'Eat well & Live well, Together'이다. 그래서 잘(well)이라는 단어에서 '웰하, 웰빠, 웰모닝, 웰나잇, 웰던, 웰고잉,

웰미스' 등 다양한 용어들이 쏟아져 나오기 시작했다. 커뮤니티 용어가 존재하면 좋은 점이 커뮤니티 소속감을 느끼게 해주는 것도 있지만, 사실은 끼어들기 '치트키'로 쓸 수가 있다.

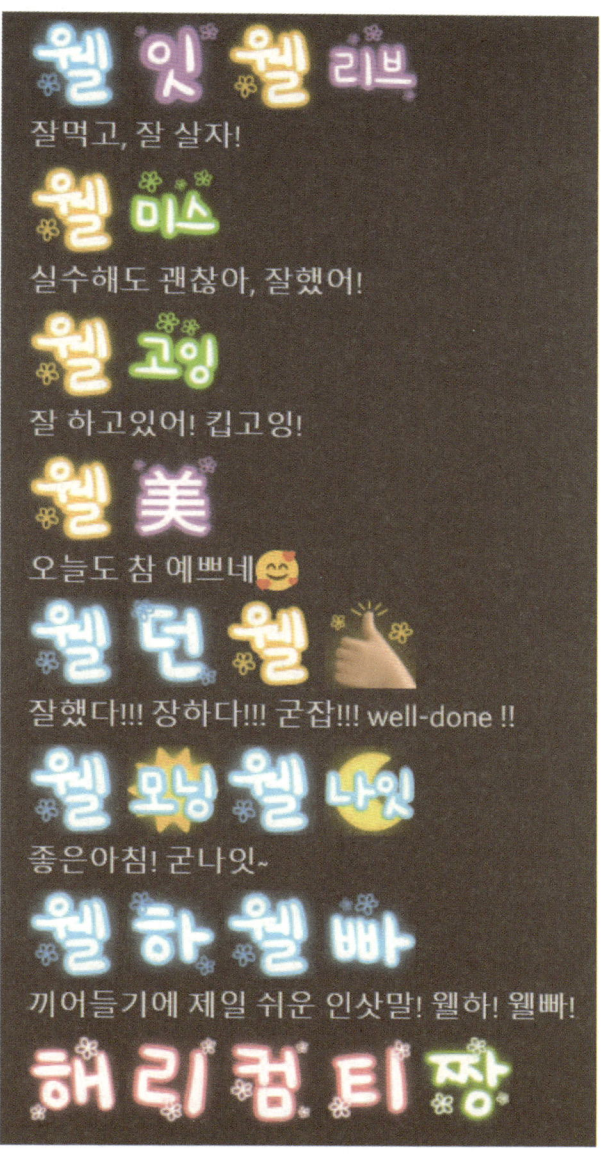

해리컴티 용어문화 (디스코드 스티커)

커뮤니티 내에 구성원들은 저마다 성향이 모두 다 다르다. 적극적으로 채팅하며 소통하는 사람들이 있는 반면에, 끼어들지 못하고 눈으로만 커뮤니티에 참여하는 사람들이 있다. 이 사실도 AMA를 통한 피드백을 받으면서 알게 됐다. 커뮤니티 활동을 눈에 보이게 하는 사람들 중에서도 일부 찐팬이 아닐 수 있다는 사실을 늘 인지하길 바란다. 반대로 성향 때문에 적극적인 채팅을 하지 못하는 것일 뿐이지, 조용히 커뮤니티의 성장을 응원하는 멤버들도 있다. 그런 소극적인 성향을 지닌 분들이 대화에 끼어들게 하기 딱 좋은 게 바로 커뮤니티 용어다. '웰하' 한 마디면 바로 끼어들기 할 수 있다는 것이다.

사실 커뮤니티 문화라는 것은 커뮤니티 내에서 자체적으로 발생하는 것이 가장 자연스럽다. 커뮤니티 운영자가 커뮤니티 구성원들이 잘 활동할 수 있는 놀이터를 만들어주는 역할이라면, 놀이터에서 어떤 게임을 하고 놀지를 정하는 것은 멤버 간에서 자발적으로 발생하는 것이 좋다는 뜻이다. 그러기 위해서는 커뮤니티 운영자가 커뮤니티 내에 다양한 세계관을 정립해 놓는 것이 유리하다. 스터디케이스로 커뮤니티 문화를 잘 구축해 놓은 커뮤니티 하나를 소개할까 한다.

바로 '버그시티'라는 커뮤니티다. 버그시티는 말 그대로 하나의 '시티, 도시'처럼 운영하고 있다. 커뮤니티 내에 모든 호칭은 남녀불

문 '형'으로 통일되며, '-습니까', '-습니땅'과 같은 특정 말투를 사용한다. 기본적으로 반말모드로 대화를 나누면서 끝에는 늘 형이라는 존칭을 쓰는 특유의 대화 문화가 인상 깊다. 커뮤니티 내에 구성원들은 '시민'이라고 칭하며, 커뮤니티 내의 다양한 채널이 존재한다. '광장', '벅물관(박물관)', '벅베이(ebay)', '벅화점(백화점)', '주민센터', '법원' 등 현실 세계에서 존재하는 시스템을 매우 닮았으며, 디스코드 봇(bot) 이름은 심지어 '공무원'이다.

버그시티는 커뮤니티를 활성화하는 활동을 통해 'BTC(벅트코인)'라는 포인트를 얻는다. 초기에는 커뮤니티 멤버들의 일상을 트위터에 업로드하면서 포인트를 획득하는 방식으로 시작했다. 하지만 커뮤니티가 점점 커지면서 다양한 시스템을 도입했다. 그중 가장 특이한 점은 '개인 시장'이라는 채널로, 채널 안에서 커뮤니티 구성원들이 각자 사업체를 운영할 수 있는 시스템이다. 버그시티 내의 사업체 직원으로 일하거나 창업을 통해 서비스를 운영할 수 있다. 사업체를 운영하면 커뮤니티에서 주급(포인트)을 지급하며, 사업체에서 직원을 고용하면 직원들도 주급이 나온다. 흡사 나라에서 일자리 창출을 권장하는 모습이 떠오르곤 한다.

그렇게 커뮤니티에서 열심히 얻은 포인트들은 PFP커스텀, 경매 참여, 벅권(복권) 구매, NFT 구매, 게임참여 등에 이용할 수 있다. 또는 포인트를 금융기관에 예치하거나, 자산운용사에 맡기거나, 배팅형 게임을 하면서 불리기도 한다. 버그시티에서는 재주 많은 시민이 많은데, 주기적으로 디스코드 내에서 방송을 진행하면서 자발적 소모임을 만들어 게임도 하고, 음악 감상도 하고, 노래도 부르며 즐거운 시간을 보낸다. 커뮤니티 내의 룰을 어기거나 불쾌감을 주는 행동을 하면 법원에서 시민들의 심판을 받기도 한다.

무엇보다 버그시티 커뮤니티에서 가장 인상 깊은 점은 바로 'BUG'이라는 '커뮤니티 리더'다. 버그시티는 벅형이 직접 24시간 소통하며, 커뮤니티의 소통을 위해 AMA를 매주 진행한다. 커뮤니티에 진심이지 않으면 이렇게까지 시간을 할애하며 커뮤니티를 운영하기란 쉽지 않다는 사실을 너무나도 잘 알기에 더욱 인상 깊은 부분이다.

역시나 잘되는 커뮤니티는 커뮤니티의 리더가 분명히 남다른 점이 있다. 이렇게 커뮤니티의 세계관과 시스템이 탄탄하게 받쳐주면 커뮤니티의 멤버들은 놀이터에서 뛰어놀기만 하면 된다. 중요한 것은 커뮤니티의 멤버들이 무엇을 좋아하고, 어떤 문화가 형성되면 적극적인 커뮤니티 활동할지에 대한 커뮤니티 리더의 운영스킬인 것 같다. 문화 자체를 커뮤니티 운영자가 직접 만들지 않더라도, 커뮤니티 구성원들이 직접 문화를 만들어 나갈 수 있는 환경을 만들어주는 것도 좋은 방법이라고 말하고 싶다.

버그시티 메인 배너(출처: 버그시티)

버그시티 1주년 기념 이미지(출처: 버그시티)

커뮤니티 성장 기여도에 따른 '보상시스템'은 필수다

위에서 언급한 '버그시티' 커뮤니티에 대해서 조금 더 이야기하고자 한다. 내가 버그시티 커뮤니티를 높게 평가하는 이유 중의 하나는 바로 커뮤니티 내에 자체 코인(포인트)을 채굴할 수 있는 '경제 보상 시스템'을 도입해서 운영하고 있기 때문이다. 버그시티에서 'BTC'라는 벅트코인은 커뮤니티 내에서는 하나의 화폐로 인식된다. 특정 활동을 할 때마다 포인트가 채굴되는 개념이며, 커뮤니티 멤버들이 적극적으로 활동함에 따라 보상을 더 많이 주게 된다. 해당 포인트는 매달 말에 소멸하며, 소멸시키는 이유는 매달 새로 유입되는 멤버들이 기존 멤버들의 자산을 보고 상대적 빈익빈 부익부를 느끼지 않게 하기 위함이다.

채굴한 포인트들은 다양한 채널에서 소각(이용)할 수 있다. '벅권(복권)', '벅베이(이베이)' 등의 채널에 올라오는 다양한 상품을 포인트로 참여해서 당첨되는가 하면, '벅시안룰렛(러시안룰렛)', '인생벅전(인생 역전)' 등과 같은 게임 형태에 참여해서 포인트를 더 얻거나 잃거나 하는 형태로 이뤄진다. 하지만 더욱 인상 깊은 것은 이 경제체제를 탄탄한 커뮤니티와 연합을 맺어 각 커뮤니티에 맞는 포인트를 구축해 준 뒤, BTC와 1대 1로 스왑(swap)이 가능하다는 것이다. 즉, 각자의 커뮤니티에서 채굴한 포인트가 BTC와 1대 1 교환이 된다는 뜻이다. (최근에는 각 커뮤니티에서 채굴되는 포인트가 BTC로 스왑되는 비율에 따라서 교환 비율이 변동되는 시스템을 도입 중이다.)

이러한 방식은 커뮤니티 간의 교환 경제생태계를 만들 수 있으며, 결국 커뮤니티 간의 지속적인 관계 유지를 통해 커뮤니티 생태계를 함께 키워나가는 좋은 역할을 하게 된다. 해리컴티도 커뮤니티 전용 포인트제도를 도입하려는 찰나에 버그시티를 만나 새로운 보상시스템 체제를 갖추게 됐다.

버그시티와 연합을 맺으면서 포인트가 공유되는 경제시스템을 도입했다. 해리컴티의 다잘잘 슬로건 영문 'Eat well & Live well, Together'의 앞 글자를 따서 포인트 명을 'ELT'로 정했다. 커뮤니티의 목표를 늘 잊지 말자는 의미를 담고 싶었다. 그리고 물론 해리컴티의 ELT 포인트도 버그시티의 BTC와 1대 1로 교환할 수 있다. 최근에는 해리컴티 멤버들이 BTC로 교환하는 ELT 포인트의 양이 높아지자, 교환 비율이 변동되는 중이다. 그런데도 두 포인트는 여전히 적극적으로 교환되며 커뮤니티 활동에 동기부여가 되고 있다.

포인트 제도는 확실히 커뮤니티 멤버들에게 동기부여를 일으켰다.

직접적인 현금성을 띠지 않더라도, 눈에 띄는 보상체제를 갖춘다는 것은 충분히 매력적이었다. 그리고 그 포인트들이 다양한 사용처가 있다면 더더욱 커뮤니티 활성화에 큰 도움이 됐다. 해리컴티에 ELT 포인트를 도입하고 난 뒤 기존의 커뮤니티 문화를 확연하게 업그레이드시킬 수 있었다. 그리고 디스코드 플랫폼을 자주 찾아오게끔 하는 매개체가 돼주기도 했다.

포인트를 통해 멤버들의 커뮤니티 활동 내용과 기여도도 측정할 수 있었다. 포인트가 쌓여 있는 만큼 커뮤니티 활동을 적극적으로 했다는 반증이기 때문이었다. 구성원들의 활동이 커뮤니티 성장과 연결되고, 기여 한 만큼의 보상을 받아 가는 시스템. 이는 커뮤니티를 지속 운영함과 동시에, 구성원들의 의욕을 유지할 수 있는 정말 중요한 요소가 됐다. 그러니 커뮤니티 운영할 때 리더들은 커뮤니티가 구성원들에게 어떤 보상을 지속적으로 제공할 수 있는지에 대한 고민을 꼭 해보길 바란다.

해리컴티 디스코드 콘텐츠 업로드 포인트 채굴 예시
(숏폼/카드 뉴스/블로그/라이브 방송/건강 카테고리에서 채굴 가능)

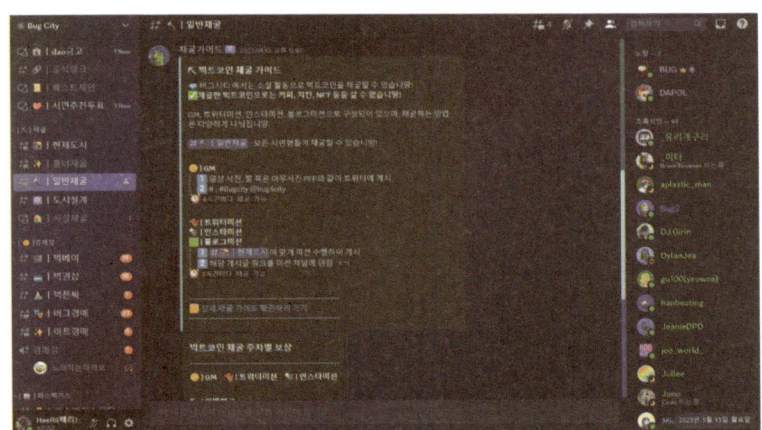

버그시티 디스코드 콘텐츠 업로드 포인트 채굴 예시
(트위터/인스타그램/블로그 카테고리에서 채굴 가능)

처음부터 끝까지 커뮤니티 구성원을 위해 운영하라

커뮤니티를 운영할 때에 결국 가장 중요한 것은 커뮤니티 멤버들을 위한 운영을 하는 것이다. 커뮤니티의 지속성은 결국 커뮤니티와 커뮤니티 구성원 간의 관계에 달렸다. '1000 팬 이론'이라는 것이 있다. 1,000명의 진정한 팬이 있다면, 무슨 일을 하든 간에 성공적인 삶을 살아갈 수 있다는 이론이다. 이 이론은 개인적으로 커뮤니티 운영에도 해당한다고 생각한다.

결국 커뮤니티가 성공하는 것에는 수백만 명의 구성원이 필요한 것이 아니라고 생각한다. 커뮤니티가 진행하는 모든 것에 열정적으로 좋아해 주는 진짜 찐팬이 핵심이다. 그리고 커뮤니티가 진행하는 모든 초점은 반드시 초기 멤버, 초기 찐팬들에게 맞춰져 있어야 한다. 이 초기 찐팬을 위한 제품을 만들어야 하며, 끝까지 이 찐팬들을 위한 커뮤니티를 운영해야 한다.

사실 100명의 찐팬만 모여도 성공한 것이라고 본다. 100명의 찐팬이 구축되고 나면 코어 핵심 멤버들이 눈에 들어올 것이다. 그들을 위해 최선을 다해 커뮤니티를 운영하라. 그들이 함께 참여할 수 있는 이벤트나 활동을 기획해서 구성원들이 서로를 더 잘 알아 갈 수 있도록, 커뮤니티 내에서의 친목을 형성할 수 있도록 하라. 커뮤니티 내에서 별도로 팀빌딩을 구축해서 팀 프로젝트를 진행해 본 결과, 확실히 커뮤니티 멤버들 간의 친목이 형성됐다. 더 나아가 커뮤니티에 진심인 멤버들끼리 모였을 때는 그들 자체적으로 커뮤니티의 발전을 위해 어떤 기여를 할지에 대한 소통이 오간다는 사실도 알게 됐다. 이럴 때 커뮤니티는 구성원들이 커뮤니티에 적극적으로 참여할 수 있도록 유도장치를 마련하면 좋다.

리더가 미리 구성원들의 역량을 인식하고 있었다면, 역량을 최대한으로 발휘할 수 있는 그에 맞는 역할을 제공함으로써, 구성원 간에서도 서로의 적극적인 참여를 이끌어 낼 수 있다. 결국 커뮤니티 운영자는 구성원들의 요구와 문제를 지속적으로 관심을 두고 해결해 주며 구성원들이 커뮤니티 내에서 성장할 수 있도록 지속적인 지원을 제공하면 되는 것이다. 처음부터 끝까지 커뮤니티 구성원들을 위한 운영을 하길 바란다.

해리컴티 커뮤니티 멤버들의 생각 공유(익명 인터뷰)-6

Q. 지속가능한 커뮤니티가 되기 위해서는 무엇이 가장 중요할까요?
A. (익명 인터뷰 답변을 가감 없이 100% 있는 그대로 가져온 전문입니다.)

6. 지속가능한 커뮤니티가 되기위해선 무엇이 가장 중요할까요?

이곳에 내용을 입력하세요.

리더의 중심. 리더의 방향성. 신뢰. 구성원들 협업 등

끊임없는 성장이 가능한 시스템 구축

무엇보다 소통이 아닐까 합니다.
지금 지역간 오프라인 모임도 참 좋다고 생각합니다.
한번 보고나면 다음 모임이 기다려 지기도 하거든요.
그 속에서 소속감과 끈끈함이 생기는 것 같습니다.

포모를 느끼는 사람들의 챙김이 중요하다고 생각해요.
특히 소심한 사람들, 말 못하고 속으로 끙끙 앓는 사람들이
관심이 없어서가 아니라 하고싶은 마음은 큰데 방법을 모르는게 많더라구요.
커뮤니티에 스며들어 함께 할 수 있게 만들어 주는게 중요하다고 생각합니다.

열심히 활동하는 분들 말고 그 밖에 분들도 참여할 수 있게 하면 좋겠습니다.

기본가치관이 일관성 있어야하고,
결국은 개개인의 만족을 채워주는 커뮤니티가 되어야 할 듯합니다.
멤버 각각 실력향상에 도움이 되는 커뮤니티.
개인의 욕구가 충족되는 커뮤니티.

※ 익명 인터뷰 답변을 가감 없이 100% 있는 그대로 가져온 전문입니다.

6. 지속가능한 커뮤니티가 되기위해선 무엇이 가장 중요할까요?

이곳에 내용을 입력하세요

사람들과 같이하는 즐거움. 무엇이든 기여하여 내가 주류인 느낌.

소속감을 느끼게 해주는 소통이 필요하다고 생각합니다.

가장 중요한 건 지속가능성이 되려면 나의 발전입니다.
나의 발전이 없고서는 커뮤니티의 지속은 힘들다 봅니다.

정말 이 커뮤니티 성장을 위해 서로 고민하고
적극적으로 행동해야 된다고 생각합니다.

리더와 구성원들이 함께 주인의식 가지고 만들어가는 것

정직 . 성실. 지속. 단결력 서로 이해하고 아끼는 분위기

사람 개개인이 자발적으로 움직일 수 있는 동기가 충만해야 한다

※ 익명 인터뷰 답변을 가감 없이 100% 있는 그대로 가져온 전문입니다.

6. 지속가능한 커뮤니티가 되기위해선 무엇이 가장 중요할까요?

사람들과 같이하는 즐거움. 무엇이든 기여하여 내가 주류인 느낌.

적극적인 분들 외에 뒤처지다 도태 되어있는 사람들의 활동을 활성화시키는데 주력을 다해 공동체의 워라벨이 잘 될 수 있도록 균형을 잡아야 한다고 생각합니다.

소통의 부재를 최소화해야 된다고 생각합니다.
그리고 소통은 내가 느끼는 기준이 아닌 상대방이 느끼는 기준이어야겠죠.

여러번 강조해도 지나치지 않는 것이 신뢰라고 생각합니다.
신뢰는 하루 아침에 생성되지도 않을뿐더러
한 순간에 사라지기도 하는 것이기 때문입니다.
신뢰가 쌓이면 커뮤니티 확장은 자동으로 따라오는 것이기 때문에
지금처럼 잘 해 왔듯이 해리쌤의 방향성과 리더십을 지지하며 응원합니다^^

지속가능한 커뮤니티가 되기 위해서는
컴티원들이 적극적으로 참여해야 하고,
서로 협력하면서 공동체의식을 향하는 노력이 필요할 것 같다고 생각합니다.

배려. 모두가 같은 조건에서 활동하는 것이 아니기에, 도드라지지 않아도 진심으로 커뮤니티 활동에 대해 자랑스러워하고 애정을 갖고 있는데, 유의미한 활동이력이 없다고 커뮤니티 활동 기여도를 낮게 평가한다거나, 눈에 띄는 멤버 위주로 조명된다거나 오랜만에 대화에 낀 멤버에게는 반응이 썰렁하다거나 등의 분위기가 점점 이탈과 오해를 불러일으킨다고 봅니다.
그럴수도 있겠구나 하는 배려심으로,
포용하며 성장해야 지속가능하다고 생각합니다.

※ 익명 인터뷰 답변을 가감 없이 100% 있는 그대로 가져온 전문입니다.

커뮤니티에 대한 구성원들의 익명 인터뷰 6 (출처: 해리컴티)

커뮤니티 운영 시 나타나는 문제해결 방법

CHAPTER 3

커뮤니티 참여를 적극적으로 유도하는 방법

해리컴티를 운영하면서 커뮤니티 멤버들의 적극적인 참여를 끌어냈던 몇 가지 사례들을 공유해보고자 한다. 해리컴티는 크리에이터 커뮤니티다 보니 개개인이 모두가 콘텐츠를 만들어내고자 하는 의지들이 존재했다. 하지만 콘텐츠라는 것을 꾸준히 만들어내는 것은 결코 쉬운 일이 아니었다. 그래서 늘 크리에이터들에게 동기부여가 되는 운영을 할 필요가 있었다. 커뮤니티 내에서 이벤트를 진행하거나, 행사에 참여하는 방법을 꼭 콘텐츠 제출로 유도했다. 이때 이벤트의 보상이 매력적일수록 참여율은 당연히 높아졌다.

웨일리 NFT가 모두 완판된 직후 'My Universe'라는 인스타그램 디지털자산 인증이벤트를 진행했던 적이 있다. 이 이벤트는 본인이 민팅 한 PFP NFT에 대한 세계관을 창작해서 업로드하는 이벤트였다. 사실 이 이벤트의 목표는 웨일리 홀더들이 본인들의 NFT IP에 조금 더 애정을 갖길 바랐고, 추후에 라이선스를 통한 개인 IP 사업을 할 수 있는 확장의 가능성을 보여주고 싶었다. 해리컴티 NFT는 3개를 스테이킹(Staking)해서 락업시키면 라이선스 권한을 부여받을 수 있다. 라이선스의 제한은 없고, 라이선스를 취득한 NFT IP로 사업을 해도 되고, 굿즈를 만들어서 팔아도 된다. 2차 창작 또한 자유롭게 열어놓았다.

이렇게까지 했던 이유는 홀더들의 IP가 확장됨에 따라 네트워크 효과를 형성할 거로 생각했고, 홀더들끼리 서로가 성공하도록 도울 거라고 믿었기 때문이었다. 결국 웨일리 NFT 프로젝트 전체가 잘되는 것이다. 이러한 IP 라이선스와 같은 특별함이 웹3.0만의 유니크한 장점이 아닐까 싶다. 결국 민팅이 끝나고 인스타그램에 웨일리 NFT가 디지털자산 피드로 도배됐다. 그리고 홀더들의 글을 하나하나 모두 읽어보았다. 정말 몇 날 며칠이 걸렸던 것 같다. 홀더들이 직접 적은 웨일리의 세계관을 읽어보면 역시나 예상했던 대로 본인들의 잠재된 꿈들이 고스란히 드러났다.

해리컴티 'My Universe' 인스타그램 디지털자산 인증이벤트 참여 예시
(출처: 해리컴티 멤버 '리베드림' 님의 인스타그램)

← 게시물

liebe_dream22 💎 에리와 코리가 인사 드립니다~^^👋👋👋

안녕하세요~ '에리' 와 '코리' 인사드립니다^^

우린 힐리.리리와 함께 '셀프에코힐링센터'에서 살고 있어요.

힐리와 리리는 사람들의 몸과.마음을 치유하는데 도움을 주고 있구요~

에리와 코리 우리는 육지와 바다를 지키면서 환경을 정화 활동과 나무심기 등을 통해 지구를 반짝반짝 빛내는 활동을 하고 있지요🤗

우린 5년전에 해리컴티를 만나 부와 시간을 맘껏 쓸 수 있는 재력가가 되었어요... 많은 홀더 혜택을 누리며 성장했고 꿈을 이뤘으니 세상에 돌려줘야죠~^^

지구가 기후위기로 아프다고 해서 지구가 아프지않게 에리와 코리는 육지와 바다에 버려진 쓰레기들을 줍고 있어요^^

((아. 우리가 들고 다니는 쇼핑백은 넣으면 말끔히 사라지는 백이에요...그래서 쓰레기를 넣으면 그 쓰레기들이 말끔히 사라져요...참 신기하죠~~~ 마법의 쇼핑백이랍니다^^ 넣어도넣어도 쇼핑백은 빈백이 되요... ㅋㅋㅋ 하지만, 그렇다고해서 쓰레기를 맘대로 아무곳에나 버리면 안된답니다🙄 우리가 줍기 할 쓰레기가 없는 세상을 만들어요~~ 제발~~^^;;;))

자 그럼 여러분들 에리, 코리와 함께
지구를 빛낼 준비 되었나요?? ^^

#해리컴티
#해리컴티NFT
#해리컴티이벤트
#웨일리
#웨일리NFT
#whaleyNFT
#영포티크리에이터군단
#영포티크리에이터군단
#얼리어답터
#웹3얼리어답터크리에이터
#에리
#코리

해리컴티 'My Universe' 인스타그램 디지털자산 인증이벤트 참여 예시
(출처: 해리컴티 멤버 '리베드림' 님의 인스타그램)

이렇게 스스로 세계관을 그려 나가고 본인들의 꿈을 한 번 더 상기시켜주는 작업을 통해 분명 본인들의 NFT IP에 애착이 생겼을 것이라고 확신한다. 그 이후 스테이킹에 참여해서 라이선스 획득을 한 홀더들이 약 160명. 난 그들이 본인들의 IP를 통해 온라인세상에서 뭐라도 도전하고 시작했으면 하는 바람뿐이었다. 해리컴티에 ELT 포인트 경제시스템을 도입하고 곧바로 진행한 프로그램이 바로 '콘텐츠 채굴'이었다. 크리에이터들이 본인들의 계정에 업로드한 콘텐츠 URL을 제출하면 링크마다 ELT 포인트가 채굴되는 형태다. 숏폼을 제작해서 업로드해도 좋고, 본인의 일상이 담긴 피드도 좋다.

이런 시스템을 도입한 이유는 이렇게라도 동기부여를 제공함으로써 크리에이터 성장에 도움을 주고 싶어서다. 꾸준함을 스스로 유지하기가 어렵다면, 꾸준함을 만들어내는 동기부여를 커뮤니티가 제공하면 어떨까 생각했다. 결과는 꽤나 유의미했다. 크리에이터들이 열심히 영상도 찍고, 피드도 올리고, 라이브 방송도 진행한 뒤에 꼭 디스코드에 찾아와서 콘텐츠 채굴을 하는 것이다. 이처럼 커뮤니티의 역할 중에는 커뮤니티 멤버들의 성장에 도움을 줄 수 있는 동기부여성의 시스템을 구축하는 것 또한 매우 중요하다고 생각한다.

마지막으로 커뮤니티의 멤버들이 해리컴티에 애정을 갖고 더욱 활동하고자 하게 만들었던 방법은 바로 진짜 개개인들에게 기회를 주는 것이었다. 해리컴티 커뮤니티의 화력이 대단하다고 소문이 나자 해리컴티에 다양한 B2B 협업 기회들이 찾아왔다. 그리고 협업 미팅을 하거나 협상을 할 적에 나는 한 가지 목표에만 집중했다. '해리컴티 크리에이터들에게 어떤 기회를 제공할 수 있는지'만 보았다. 결국 다양한 협업을 끌어내 우리 크리에이터들이 작게나마 수익화도 하면서 커뮤니티 활동을 지속할 기회들을 만들어냈다.

커뮤니티에 다양한 제안들이 찾아올 때 커뮤니티 리더들은 꼭 명심해야 할 부분이 있다. 분명 영향력 있는 커뮤니티를 운영하게 되면 커뮤니티뿐만 아니라 리더 개인에게도 많은 제안이 찾아온다. 이때 다양한 제안을 판단하는 것은 리더의 몫이다. 분명 리더에게 큰돈을 벌 기회가 올 수도 있고, 다양한 리쿠르팅의 제안이 들어올 수도 있다. 리더가 어떤 꿈을 꾸느냐에 따라 선택은 달라진다. 나 또한 다양한 제안을 받아왔고 거절한 것들도 많았다. 거절했을 때의 사유는 하나다. 해리컴티의 멤버들을 그들의 수익 수단으로 바라본 경우이다. 제안을 수락했을 때의 사유 또한 하나다. 해리컴티 크리에이터들에게 다양한 기회와 혜택이 돌아갔을 경우이다.

리더는 개인의 사욕이 아닌, 절대적으로 커뮤니티 구성원들을 위한 협업으로 이끌어 내야만 한다. 독자 중에 이러한 질문을 하는 사람이 있을 수 있다. '그럼 리더는 수익화를 포기해야 하는가? 그건 미련한 선택 아닌가?'라고. 리더 또한 수익화가 중요하겠지만, 리더가 커뮤니티를 직접 애정을 갖고 장기간 꾸려왔을 경우 '사람'들을 리더의 '수익성' 때문에 포기하는 것은 정말 쉬운 일도 아닐뿐더러, 개인적으로 미련한 짓이라고 생각한다. 리더가 더 큰 꿈을 품고 있다면 눈앞의 수익화 때문에 사람을 버리는 짓은 하지 않을 거로 생각한다. 그래야 커뮤니티 운영이 지속될 수 있을 것이다.

커뮤니티 구성원의 'FOMO(포모)'에 대한 대응 방법

'FOMO(포모)' 현상은 커뮤니티에서 일어나는 일반적인 현상이며, 반드시 해결해나가야 하는 숙제 중 하나이다. FOMO란 'Fear of Missing Out'의 약어로 '놓치는 것을 두려워하는 감정'을 나타낸다. 특히 소셜 미디어와 같은 디지털 미디어에서 자주 사용하는 용어이다. 이 용어는 누군가가 다른 사람들이 즐기는 것을 놓치는 것을 두려워하고, 자신도 그들과 같은 경험을 하고자 하는 욕구를 의미한다. FOMO가 일어나는 이유는 여러 가지가 있을 수 있다.

사람은 대부분 새로운 경험에 대한 갈망이 있다. 커뮤니티의 일부 구성원들은 새로운 경험을 놓치지 않으려는 경향이 있으며, 이 경우 새로운 활동이나 프로젝트 등에 참여하지 못할 시에 FOMO가 올 수 있다. 간혹 커뮤니티로부터 중요한 정보들이 일방적으로 전달되는 경우가 있다. 이러한 경우에도 일부 구성원들은 정보를 놓치지 않기 위해 모든 활동에 참여하려는 현상이 생긴다.

간혹 커뮤니티 구성원 중 일부는 다른 구성원들보다 더 많은 정보를 갖고 있을 수 있다. 이러한 정보 불균형으로도 구성원들 사이에서 FOMO가 발생할 수 있다. 나는 이 사실을 커뮤니티에 늦게 들어온 멤버들과의 소통피드백을 통해서 알게 됐다. 이러한 현상이 존재한다는 것을 알았을 때 걱정과 동시에 오히려 긍정적인 신호로 받아들였다. 구성원들이 커뮤니티에서 일어나는 일에 참여하려는 욕구에서 비롯됐다고 생각했기 때문이다.

그래서 선택한 방법이 늦게 합류한 멤버들에게도 동일한 기회가 주어지고, 같이 나아 갈 수 있다는 커뮤니티 측의 입장을 공유하는 것이었다. 기존에 커뮤니티 활동을 먼저 하고 있던 선배들이 늦게 들어온 후배들을 이끌어줘야 한다고 생각했다. 그래서 도입한 시스템이 '멘토 시스템'이다. 커뮤니티에서 진행하는 프로젝트가 다소 딜레이 될지라도, 구성원들의 FOMO를 줄이는 것이 더욱 중요하다고 생각했다.

그리고 기존의 멤버들에게도 투명하게 커뮤니티의 입장을 공유하면서 새로 진입한 멤버들의 FOMO를 줄이는 것에 함께 동참할 것을 권유했다. 그리고 FOMO를 줄이기 위한 프로젝트를 적극적으로 시행했다. 커뮤니티 구성원들이 서로 소통할 수 있는 네트워킹을 만들어주거나, 지식에 대한 FOMO를 줄이기 위한 스터디를 추가로 진행하는 등의 다양한 시도를 했다. 커뮤니티 멤버들이 커뮤니티로부터 챙김을 받고 있다는 것을 느끼게 해주고 싶었다. 속도가 조금 더디더라도, 꾸준히 이끌어주면 잘 따라올 수 있다고 믿었다.

결과적으로 FOMO를 줄이기 위한 노력 끝에 그때 당시 보살핌을 받았다고 느끼는 구성원 중에서 찐팬이 된 경우가 많아졌다. 이처럼 커뮤니티 구성원들에게 FOMO가 왔을 때는 커뮤니티에서 일어나는 모든 일에 대해 충분한 이해를 할 수 있도록 모든 활동, 프로젝트, 이벤트, 공지 등에 대한 정보를 투명하게 자주 제공하면 좋다. 또한 커뮤니티에서 일어나는 각종 프로젝트와 이벤트 등을 체계적으로 진행하고 기록하며 커뮤니티 멤버들과 공유해야 한다. 이를 통해 지난 활동들에 대한 정보도 제공하며, FOMO를 경험하지 않도록 배려해야 한다.

해리컴티에서 내가 특히 FOMO가 오지 않도록 신경 쓰는 팀이 있다. 바로 '시니어팀'이다. 해리컴티는 3060세대를 넘어 70대 멤버들도 공존한다. 나이 70이 넘어서도 웹3.0이라는 새로운 시대에 뒤처지지 않기 위해 무던히 노력하는 분들이다. 이분들은 우리 커뮤니티의 자랑이라고 생각한다. 그래서 무엇보다 나이 때문에 FOMO를 겪게 해드리고 싶지 않았다. 난 분명히 보았다. 77세 나이에도 열심히 노력하고 따라오면 결국 된다는 성공 사례를 분명히 보았다. 그래서 내가 커뮤니티에 자주 하는 말이 하나 있다. "나이로 핑계를 대지 마세요. 저희 왕언니도 잘 따라오고 계십니다. 모든 것은 의지에 달렸습니다"라고. 커뮤니티 왕언니 벨라님은 존재 자체로 동기부여가 된다고 생각한다. 그리고 60대 이상의 시니어팀들이 벨라님을 보고 열심히 동기부여 받고 따라오고 있다.

정말 멋지지 않은가! 이 모든 상황이 가끔 감동스럽게 다가와서 울컥할 때가 있다. 오프라인 모임으로 웹3.0 스터디를 함께 진행한 적이 있었는데, 이때 시니어팀들이 참여했다. 웹3.0과 관련된 용어를 활용해서 빙고도 하고 스피드게임도 진행했는데, 우리 시니어팀들 정말 대단했다. 거침없이 용어 설명을 하고, 게임에 참여하는 모습을 보고 난 커뮤니티의 엄청난 가능성을 보았다.

즉, FOMO 현상도 완벽한 해소는 어려울지라도 노력으로 어느 정도는 줄일 수 있으니, 최대한의 노력으로 최소한의 FOMO로 줄이는 것이 지속가능한 방법의 하나가 될 것이다. 그리고 가장 중요한 것은 FOMO 현상이 나타날수록 커뮤니티 리더가 구성원들과의 직접적인 소통을 강화하고, 직접 이해시키고 노력하는 모습을 보여줘야 한다.

리더가 대체 불가능한 자산이 되어라

커뮤니티는 결국 리더에게 달려있다. 그리고 커뮤니티의 실력 또한 리더에게 달려있다. 리더가 얼마나 촘촘하고 세심하게 커뮤니티를 운영하느냐에 따라서 이탈자가 줄어든다. 얼마나 진심으로 커뮤니티 멤버들과 직접 소통하고 이야기를 들어주느냐에 따라서 팬심이 올라간다. 운영하는 커뮤니티가 다른 커뮤니티에 비해 차별화를 지니려면, 결국 리더의 마인드가 남달라야 한다고 생각한다. 남다른 안목과 남다른 가치관, 남다른 포용력, 남다른 통찰력, 남다른 결단력, 남다른 실행력 등 이 모든 것에서 결국 커뮤니티 실력이 결정된다. 커뮤니티의 실력이 차별화되는 순간 커뮤니티의 구성원들은 커뮤니티 활동을 하면서 자연스레 다른 커뮤니티와 비교를 하게 될 것이고, 커뮤니티에 대한 확신을 두게 된다.

이 모든 일을 해내기 위해서는 리더의 그릇이 담아낼 줄 알아야 한다. 본인의 타고난 그릇이 작다는 생각이 든다면, 선택은 두 가지다. 그 그릇의 크기대로 살 것인지, 아니면 그릇을 찢어서라도 늘릴 것인지. 나의 경우 후자를 선택했다.

그릇을 찢어서라도 늘려야만 했다. 그래야 내가 성장한 이후에 다가오는 모든 일들을 감당해 낼 거로 생각했기 때문이다. 미래에 무슨 일이 벌어질지는 전혀 감이 오지 않았지만, 내가 뭔가를 이루기 위해서는 리더급의 사람은 돼 있어야 한다고 생각했다. 그리고 1년 뒤. 자연스레 남을 돕기 위한 선한 나눔의 오픈채팅방을 운영하기 시작했고, 그 커뮤니티가 지금의 해리컴티가 되어 어디 가도 보지 못하는 화력을 지닌 찐 커뮤니티로 성장시켰다. 이 모든 것이 한순간에 이뤄진 것은 아니라고 생각한다. 결국 커뮤니티를 운영하는 리더가 얼마나 많은 사람을 포용하고, 보듬어주고, 소통하고, 이해해 주느냐에 따라 커뮤니티의 성패가 달려있다.

하지만 커뮤니티 구성원들이 리더에게 기대는 정도가 너무 커지면 그것 또한 과유불급이다. 진정한 지속가능한 커뮤니티를 운영하는 리더의 자리는 내가 생각해도 참 어려운 것 같다. 커뮤니티를 빌딩 할 때만큼은 리더의 역량이 정말 중요한 것은 사실이지만, 커뮤니티가 너무 그 리더에 의한 커뮤니티가 돼버리면 나중에는 오히려 리더가 혼자 감당해내기 힘들어질 수 있다. 그래서 난 커뮤니티 리더는 결국 '시스템 메이커'가 돼야 한다고 생각한다.

 탈 중앙자율화 조직 DAO에 대해서 생각하면서 질문을 하나 하고 싶다. 사람은 정말 진정으로 자율적인 동물이라고 생각하는가? 물론 자율적으로 성공의 궤도에 오르는 사람들은 존재한다. 하지만 일반적으로 대부분 사람은 결국 어느 정도 갖춰진 시스템에 더욱 익숙해져 있다. 자율적으로 돌아가는 조직이라도 결국 시스템은 존재해야 한다는 것이다. 그 시스템은 그러면 누가 만들 것인가? 그게 리더의 역할이라고 생각한다. 리더는 왕 놀이를 즐기려는 자가 아니다, 한 조직의 수장이자 많은 사람을 올바른 방향으로 이끌어 나가야 하는 장수다.

 리더가 없어도 조직이 잘 돌아가도록 만들어야 할 의무가 있다. 리더가 더 큰 일을 하기 위해서는 반드시 시스템이 받쳐줘야 한다고 생각한다. 탄탄하고 힘이 있고 영향력 있는 커뮤니티를 원하는가? 그러기 위해서는 기본적으로 리더가 남다른 대체 불가능한 존재가 먼저 돼야 한다고 생각한다. 그래야 구성원들이 믿고 따르고 불안해하지 않는다. 리더는 늘 건강한 생각을 해야 하며, 긍정적이고 열려 있는 마인드를 유지하는 것이 좋다.

'내 커뮤니티'에만 집착하고, 커뮤니티 구성원들이 다른 커뮤니티 활동을 제약하는 것은 말이 안 된다. 커뮤니티 활동을 활발하게 하는 사람들은 보통 다양한 커뮤니티에도 속해 있을 가능성이 크다. 이 또한 개인의 자유이며, 너무나 자연스러운 현상이다. 리더들은 이런 커뮤니티 구성원들에게 서운해할 필요도 없다. 오히려 운영하는 커뮤니티를 더욱 매력적인 커뮤니티로 성장시키는 것에 집중하는 것이 더 효율적이다.

리더에게는 리더를 받쳐줄 탄탄한 원팀(One team) 또한 필요하다. 그래서 리더는 뜻이 정말 잘 맞는 동료를 찾는 일에도 소홀히 하면 안 된다. 모진 풍파가 와도 함께 견뎌내야 할 든든한 팀 구성이 어쩌면 가장 중요할 수 있다. 리더가 꾸는 꿈에 동의하고, 그 꿈을 함께 이루기 위한 동료를 찾아라. 혼자서 모든 것을 이끌어가는 것은 불가능에 가깝다. 리더가 무너지면 모든 것이 무너지기 때문이다. 꼭 커뮤니티 성장에 뜻을 함께할 멋진 운영팀을 구축해서 든든한 마음으로 커뮤니티를 운영해 나가길 바란다. 대외적인 활동에 있어서는 커뮤니티 간 연합을 맺음으로써 교집합을 만드는 것보다, 서로 힘을 합쳐 합집합을 늘려나갈 것을 추천한다.

곧 커뮤니티 대항의 시대가 열릴 것이다. 커뮤니티가 수없이 파편

화되는 세상이 열리게 될 것으로 생각한다. 커뮤니티에 뜻을 품고 있다면, 지금부터 제대로 된 지속가능한 커뮤니티를 운영할 수 있는 리더의 역량을 차곡차곡 쌓아 올릴 것을 추천한다. 그리고 운동도 열심히 하길 바란다. 커뮤니티 운영이 절대로 쉽지만은 않을 것이다. 사람이 모여있는 곳이기 때문에 수없이 다양한 사건 사고 그리고 사람을 겪게 될 것이다. 커뮤니티를 운영하다 보면 정말 엄청난 에너지가 소비되기도 한다. 커뮤니티의 볼륨이 커질수록, 운영의 지속성을 위해 다양한 기획을 실행해야 할 것이며, 쉼 없이 해결해야 할 일들이 생겨날 것이다.

결국 지속가능을 위해서는 리더가 지치지 않는 정신과 몸이 받쳐줘야 한다. 책도 많이 읽기를 바란다. 나는 개인적으로 소설책보다는 자기개발서를 좋아한다. 성공한 사람들의 생각을 엿보는 것을 참 좋아한다. 메모도 아주 많이, 자주 한다. 머릿속에 각인해야 하는 좋은 명언이나 문구들은 꼭 포스트잇에 적어서 눈에 보이는 곳에 붙여두는 습관이 있다. 하나하나 붙이다 보면 어느새 벽 전체가 포스트잇으로 가득 차 있는 모습을 보게 될 것이다. 그리고 그 문구들을 시간 날 때마다 그냥 봐라. 외울 필요도 없다 그냥 봐라 그냥. 결국 자연스레 나의 사상이 되고 나의 철학이 되는 순간이 온다.

커뮤니티를 운영할 때 꼭 인지하고 있어야 할 부분이 있다. 사람들을 대상으로 판단이라는 것을 하게 될 때가 있다면, 공감하지 못하는 부분을 보았을 때 '틀린 것'이 아니라 '다른 것'이라고 여겨라. 사람들 모두가 다 똑같은 생각을 할 수는 없다. 하지만 모두가 다 다른 생각을 하고 있을 때, 그 생각들을 하나로 모으게 만드는 것 또한 리더의 역량이라고 생각한다.

꾸준히 지속가능한 비전을 보여주고, 계획을 보여주고, 커뮤니티의 위치를 알려주고, 커뮤니티의 목표에 대해서 알려주고, 공유해야 한다. 커뮤니티 구성원들에게 리더가 동일한 목표와 비전을 자주 언급하다 보면, 그게 곧 커뮤니티의 방향성이라고 커뮤니티 구성원들은 자연스럽게 이해하게 된다.

결국 리더의 목표와 비전에 동의하는 사람들이 남게 된다. 동의하는 사람들이 많은 수록 열렬한 팬이 되는 것이며, 리더가 목표와 비전을 얼마나 이뤄나가는지 시각화해 나갈수록 커뮤니티 활동을 지속하는 사람들이 늘 것이다. 그러니 리더는 절대 말 만하면 안된다. 행동으로 보여주고, 조금씩 목표를 달성해 나가며 지속적으로 앞으로 나아가는 모습을 보여줘야 한다. 이 모든 것들이 정말 쉬운 일은 아니지만, 쉽지 않은 일을 해냈을 때 비로소 '대체 불가능하다'라고 생각한다.

남과 똑같은 사람이 되려 하지 말고, 남과 다른 내가 되려 하라. 남과 다른 대체 불가능한 사람이 커뮤니티를 운영하게 된다면, 그 커뮤니티 또한 대체 불가능한 커뮤니티로 성장할 가능성이 크다고 생각한다. 그리고 커뮤니티 구성원들의 실력을 함께 높여 나가는 시스템을 만들어라. 커뮤니티의 리더에게 의존하게 하기보다는, 커뮤니티의 시스템에 의존하게 만들어라. 그래야 진정한 자율적인 조직으로 자리를 잡게 될 것이다. 명심하라. 원초적으로 커뮤니티는 리더가 누구냐가 가장 중요하다.

사람의, 사람에 의한, 사람을 위한 커뮤니티를 운영하라

커뮤니티를 정말 운영하고 싶은가? 왜 운영하고 싶은가? 정말 지속가능한 커뮤니티 운영을 원하는가?

커뮤니티 운영이라는 것은 솔직히 말해서 만만치 않다. 내가 화력 높은 찐 커뮤니티를 만들기까지 어떤 노력을 했는지 가감 없이 표현하자면 가장 먼저 떠오르는 말은 '내가 없었다'이다. 커뮤니티 리더가 가장 중요하다 해 놓고 이건 또 무슨 말인가 할 것이다. 커뮤니티의 가장 중요한 본질은 딱 두 가지다. '소통' 그리고 '사람'이다.

사람들이 커뮤니티 활동을 왜 하는지 생각해보자. 보통 나에게 도움이 되는 또는 이익이 되는 또는 내가 성장할 수 있는 곳을 찾아 커뮤니티에 들어온다. 그렇다면 커뮤니티가 그 부분을 충족시켜주면 사람들은 지속적인 커뮤니티 활동을 할 것이라는 가설이 세워진다. 그래서 해리컴티의 슬로건이 '다같이 잘 먹고 잘살자'라는 '다잘잘'이라는 목표가 생긴 것이다. 사실 엄청난 오지랖일 수 있다. 나만 잘 먹고 잘살면 되는 것을 굳이 다른 사람들까지 챙겨서 다같이 잘 먹고 잘살자고 외치는 것인가 할 것이다. 인생 혼자 살면 재미없이 않은가? 이왕 잘 사는 거 다같이 잘살면 좋은 것 아닌가 하는 마음이다.

독자들이 '다잘잘'이라는 말에 어떻게 생각할지는 모르겠다. "대단한 오지라퍼 납셨다, 혼자 영웅 놀이한다"라고 말할 수도 있다. 하지만 커뮤니티를 직접 운영하는 사람의 위치가 돼보면 이런 말을 할 수가 없을 것이다. 사람 인생은 결국 사람에게 달려있다. 내가 잘나서 내가 노력한 만큼 성공한다고 하지만, 절대 아니다. 기회라는 것도 사람이 갖고 오는 것이다. 어떤 사람들을 어떻게 만나느냐에 따라서 인생이 송두리째 바뀔 수 있다. 그런 사람들이 바글바글 모여있는 곳이 커뮤니티다. 커뮤니티에 있는 사람들은 어떤 리더를 만나느냐에 따라서 인생이 바뀔 수도 있다는 말이다.

가끔 엄청 무거운 책임감이 들곤 한다. '왕관을 쓰려는 자 무게를 견디라' 했는가! 커뮤니티를 운영하면서 많이 떠오른 명언이다. 그리고 커뮤니티를 운영하면서 결국 힘들고 어려워서 그만두는 주변 사례들도 많이 접했다. 그럼 "그 많은 무게를 어떻게 견디고 있는가?"라고 물을 것이다. 진심으로 해리컴티가 잘 됐으면 하는 바람을 지닌 사람들, 정말 다잘잘 실현을 같이 해보고 싶은 사람들, 진짜 해리컴티에서 기대고 있는 사람들을 보면 번아웃이 올 수 없다. 내가 힘들다고 자식들 먹여 살리는 일 그만둘 것인가? 커뮤니티 운영은 정말 아기 다루듯 키워야 한다. 정말 예민하고, 정말 민감하다. 말 한마디도 조심해서 해야 하고, 늘 편중되지 않는 판단을 해야 한다.

커뮤니티 리더로서 사욕을 중점으로 두기보다는, 커뮤니티 구성원들을 위한 운영을 해야 한다. 커뮤니티 구성원들이 정말 원하는 것이 무엇인지 늘 귀 열고 들을 자세가 돼 있어야 한다. 그리고 끊임없이 소통하며 그들의 이야기를 들으려 노력해야 한다. 커뮤니티를 통해 얻고자 하는 것이 무엇인지, 커뮤니티 활동은 왜 하는 것인지, 커뮤니티를 바라보는 시각은 어떠한지, 커뮤니티의 구성원들 간에 멤버들 평가는 어떠한지 등등 리더는 이런 부분들을 모두 알고 있어야 한다. 이런 부분들을 알기 위해서는 결국 직접 소통하고 직접 부딪치며 깨닫는 방법밖에 없다.

그리고 늘 겸손해야 한다. 사람들이 리더를 추앙한다 해서 그 리더 어깨가 같이 올라간다면, 커뮤니티를 바라보는 시각이 흐려질 수 있다. 그저 감사하는 마음 하나만으로 운영하길 바란다. 사람들이 내가 만든 공간에 와 있어 주는 것만으로도 정말 감사하다고 생각해야 하지 않겠는가! 그리고 서로에게 고마운 존재가 돼야 한다. 커뮤니티 멤버들의 사기를 충전하고, 커뮤니티의 소속감을 끌어올리고, 커뮤니티의 일원이라는 것이 자부심으로 느껴질 수 있도록 늘 좋은 소식을 만들기 위해 노력해야 한다.

절대적으로 커뮤니티를 믿고 따르는 팬 100명이 모이면 준비는 끝난 것이다. 그럼 그때 커뮤니티 리더는 비즈니스 모델을 만들어야 한다. 물론 비즈니스 모델이 이미 있는 상태에서 커뮤니티 빌딩을 시도하는 리더들도 있을 것이다. 그렇다고 해서 커뮤니티를 운영하는 방법이 다르다고는 생각하지 않는다. 한 가지 걱정되는 점이 있다면, 절대 커뮤니티의 사람들을 돈으로 생각하지 말라는 것이다. 서비스 또는 상품을 만들고 커뮤니티를 빌딩 해서 그 사람들에게 팔고, 수익 실현을 하고, 지속적인 매출을 끌어내야겠다는 목표로 커뮤니티를 운영한다면 결코 '찐팬' 커뮤니티는 만들어지기 어려울 수 있다.

어떻게 하면 그들에게 우리의 서비스를 이용함과 동시에 더 나은 보상을 챙겨줄 수 있을까. 어떻게 하면 커뮤니티 성장에 기여하는 만큼 보상을 줄 수 있을까 하는 마음을 갖는다면 커뮤니티 운영이 조금은 지속될 가능성이 커진다.

그리고 그 보상은 합당해야 한다. 보상받고도 불만이 있을 수 있기 때문이다. 그럴 땐 장사꾼이 아닌 사업가 마인드로 커뮤니티를 운영하길 바란다. 내가 늘 말하는 비즈니스 마인드가 있는데, '100원 가치의 물건을 90원에 팔아라'이다. 그리고 100원의 가치는 훌륭하게 제대로 하길 바란다. 무엇이든지 본질에 충실하면 시간이 조금 걸리더라도 사람들은 모두 안다. 사람들은 우리가 생각하는 것 보다 똑똑하고 예리하고 직관적이다. 좋은 것, 나쁜 것을 한눈에 다 알아본다. 그러기에 커뮤니티 운영도 더욱 투명하고, 선한 마음으로 이끌어 나가야 한다. 커뮤니티의 가치를 키워서 팔아넘기려는 생각을 할 수도 있다. 그것 또한 커뮤니티 운영자의 선택이지만, 그건 결국 지속가능한 커뮤니티는 아니지 않은가!

지속가능성이라는 것이 참 어렵다. 안되면 될 때까지 시도해보고 노력해보면 되는데 그것 자체가 참 어렵다. 꾸준함을 이기는 성공 요소는 없는데 말이다. 어렵다고 느껴질 때는 핏빛보다 선명한 목표와 내가 계속해야 하는 이유를 설정할 것을 추천한다. 그리고 리더로서 바라본 미래의 비전을 실현하고 싶다면, 로드맵을 실행하겠다는 말을 말에서 그치지 말고 늘 행동으로 보여주려 발에 불나도록 뛰길 바란다. 주변에 진짜 커뮤니티를 잘 운영하는 리더들과 소통하다 보면 정말 다 똑같은 삶을 살고 있다. 그리고 커뮤니티에 그렇게 진심일 수가 없다.

방법은 늘 찾으면 나오기 마련이다. 방법은 찾을 때까지 찾다 보면 결국 찾게 된다. 그런데 그 방법 또한 결국 사람을 만나 아이디어를 얻게 되면서 시작된다. 그 아이디어를 실현하는 것도 머릿속으로 생각만 하지 말고 그냥 바로 실행으로 옮겨서 그 아이디어가 유효한 것인지 아닌지를 끊임없이 검증해봐야 한다. 그러다 보면 내가 생각지도 못했던, 기대하지 않았던 일들이 꼬리에 꼬리를 물고 찾아오게 된다. 나도 될 때까지 하면 된다는 마음으로 지금도 '다잘잘' 실현화에 최선을 다하고 있다. 사실 참 어려운 목표인 것 같다. 하지만 어렵다고 하더라도 시도는 해볼 수는 있는 것 아닌가? 커뮤니티의 멤버들 모두가 이제는 다같이 '다잘잘'을 외친다.

결국 찐팬들이 남는다. 같은 생각을 지닌 한마음 한뜻이 된다. 100명의 찐팬을 만들었다면 1,000명의 찐팬도 만들 수 있다고 생각한다. 그러기 위해서는 100명의 마음을 먼저 사로잡아야 한다. 그러려면 커뮤니티가 먼저 그들에게 고마운 존재가 되어야 한다. 그러다 보면 커뮤니티 구성원들이 자발적으로 커뮤니티에 기여하고 싶은 마음이 생기게 될 것이다. 이건 그냥 내 머릿속에서 나오는 말이 아니라, 직접 소통하면서 알게 된 결론이다.

잊지 않았으면 좋겠다. '커뮤니티'는 결국 '사람'이다. 사람의, 사람에 의한, 사람을 위한 운영을 해야 한다. 투명하고 솔직 담백한 운영을 해야 한다. 많은 사람이 공감하고 동의하는 멋진 비전을 꿈꿔야 한다. 그리고 실행해야 한다. 말로 내뱉은 건 조금이라도 실행하고 실현해야 한다. 몸소 보여주고 행동으로 보여줘야 한다. 그리고 늘 진심을 다하고 최선을 다해야 한다. 진심은 늘 통한다. 그게 내가 생각하는 커뮤니티다.

해리컴티 커뮤니티 멤버들의 생각 공유(익명 인터뷰)-7

Q. 해리컴티에게 고마운 지점이 있으실까요?

A. (익명 인터뷰 답변을 가감 없이 100% 있는 그대로 가져온 전문입니다.)

7. 해리컴티 커뮤니티에게 고마운지점이 있으실까요?

같이 공부할 수 있는 친구, 같은 생각과 가치, 비전을 가진 친구를 만날 수 있게 해준 점

혼자가 아니라고 느낄 때 제일 고마웠습니다

항상 해리컴티 소속감에 전 든든했습니다. 혼자가 아닌 해리님을 비롯한 500여분의 해리컴티크리에이터분들이 계심에 라방하면서 한번씩 스쳐가는 인연속에 들어오시는 닉네임 읽고 알아가면서 친정식구들 같았어요. 첫 라방때 지원도 오고 빵빠레 터트린 기억도 새록새록 납니다. 무서운 세상속에서 함께 하는 커뮤니티가 있고 경쟁자가 아닌 협력자가 되어 서로가 잘되어서 안전한공간 안전하게 행복한 커뮤니티가 되길 기도합니다.

일반인들이 모르는 웹 3.0. 이해할 수 있도록 지속적인 학습의 기회를 열어주시고 여기서 끝이아닌 한발씩 나아갈 수 있는 발판을 만들어 주셔서 감사하다

친정같은 편안함

모든게 다 고맙습니다. 인사이트 나눠 주는거. 좋은 강의도 있고 나를 어제의 나 보다 더 나은 내가 될 수 있도록 해주는거. 그냥 해리컴티안에 붙어있기만 하면 미래의 내가 얼마나 멋질지 가슴뛰게 기대되는 것

※ 익명 인터뷰 답변을 가감 없이 100% 있는 그대로 가져온 전문입니다.

7. 해리컴티 커뮤니티에게 고마운지점이 있으실까요?

이곳에 내용을 입력하세요.

포모를 느끼지 않도록 배려하는 점. 새로운 비전을 보여주고 끌어주는 점. 한결같은 리더의 뚝심에 매료된 점. 진정한 커뮤니티 경제생태계를 직접 보여주고 있다는 점. 오프모임 모더레이터를 통해 관리 받는 느낌.

새로운 꿈을 꿀 수 있게 해주셔서 감사합니다^^

평생 함께 갈 좋은 사람들을 만났습니다. 결이 비슷하고 목표가 같은 사람들이 함께 공부하고 성장하는 과정이 너무 행복합니다.
실수투성이고 그 안에서 배우는 것들이 많습니다!
고맙습니다 배움의 기회를 만들어 주셔서 감사합니다.

웹3 세상에서 가치롭게 여기는 활동과 연결될 수 있도록 그 가능성을 알게 해 준 것

함께 배우고 성장할 수 있도록 독려하는 동료들이 있다는거?

꿈이 있고 그 꿈을 그려 나가는 진취적인 사람들과의 만남을 연결해주었고 서로 응원하며 함께 배우며 같이 성장하는 시스템을 통해 일장춘몽이 아닌 그 꿈을 이룰 수 있다는 희망을 갖게 되었습니다

※ 익명 인터뷰 답변을 가감 없이 100% 있는 그대로 가져온 전문입니다.

7. 해리컴티 커뮤니티에게 고마운지점이 있으실까요?

이곳에 내용을 입력하세요.

해리컴티는 에너지가 밝고 열정이 가득해서 행복하다는 것

웹3에 살 수 있게 해주셔서 감사합니다
(아이들과의 소통도 훨씬 잘돼서 좋아요)

나를 한계를 뛰어넘는 기회를 만들어주신 것

크리에이터로서 확신을 갖고 계속 나아갈 수 있게 해주셔서 고맙습니다 ♥

틱톡 세상을 접하고 내가 틱톡크리에이터가 되고 있는 점

차근차근 가르쳐 주시니 좋아요. 크리에이터로써 자긍심

틱톡배우러 왔다가 해리쌤 알고 nft배우고 홀더되어 매일 성장하고 있어서 고맙고 감사하고 사랑합니다. 다잘잘 고고 화이팅요

※ 익명 인터뷰 답변을 가감 없이 100% 있는 그대로 가져온 전문입니다.

커뮤니티에 대한 구성원들의 익명 인터뷰 7 (출처: 해리컴티)

Epilogue

현재 세상은 격변하는 시기에 놓여 있다. 세상에 인터넷과 스마트폰이 나타났을 때 이상의 레볼루션이 일어나고 있다는 생각이 많이 들었다. 그러다 최근 들어 AI가 한순간에 상용화되기 시작했고, 대학교의 리포트도 ChatGPT를 활용해서 제출하는 시대다. 이미 많은 기업이 AI로 인해 업무 효율화를 높이고 있고, 새로운 시장에서 선점의 기회를 찾기 위해 수많은 젊은 창업자들이 스타트업 시장에 뛰어들었다. 수많은 웹2.0 기업들이 새로운 웹3.0 시장에 발을 들이고 있고, 블록체인을 활용한 새로운 서비스들을 계속해서 개발하고 있다. 그리고 앞으로 점점 더 많은 일자리에 AI와 로봇이 인간을 대체할 가능성은 매우 크다. 대체할 수 있는 인력부터 대체될 것이다. 기업 입장에서 '최소한의 고정지출로 최대한의 이윤추구'라는 사업의 본질적인 목표를 고려한다면 선택을 안 할 수 없을 것이다.

진정 먼 훗날의 이야기처럼 들리는가? 내가 실제로 수많은 IT, 웹 3.0, 블록체인, 과학기술 분야들의 콘퍼런스를 다니면서 느낀 점이 하나 있는데, '세상은 이미 준비가 돼 있구나' 였다. 단지 사람들이 놀라지 않을 정도로만 세간에 기술이 풀리고 있다고 생각한다. 커뮤니티를 이야기하다가 갑자기 웬 AI? 커뮤니티도 하나의 큰 흐름이 돼 우리 곁으로 올 거로 생각하기 때문이다. 아니 사실은 이미 커뮤니티 시대는 도래했다. 커뮤니티라는 것은 이미 예전부터 존재해 왔지만, 이제는 어떤 커뮤니티에서 어떤 지식을 습득하고, 어떤 활동을 하는지가 나의 인생에 큰 영향을 미칠 만큼 중요해졌다고 생각한다.

마케팅의 방식도 많이 변할 것이고 이미 변하고 있다. 소비자들은 무더기로 쏟아져 나오는 정보의 세상 속에서 살아가고 있고, 날이 갈수록 더 똑똑해지고 있다. 광고계는 이미 마케팅 비용으로 투자한 광고비 대비 광고의 효율이 이전만큼 나오지 않고 있다. 패턴이 바뀌었다는 반증 아닐까? 이제는 커뮤니티마케팅, 커뮤니티비즈니스가 도래할 것이라고 본다. 오히려 더 명확한 목적과 관심사 기반으로 모여있는 커뮤니티를 대상으로 마케팅을 진행하는 것이 효율적일 수 있다.

웹3.0의 시장에서 수많은 네트워킹을 통해 깨달은 것이 있다면, 늘 그들의 대화 속에서는 커뮤니티를 언급하고 있었다는 것이다. 그렇게 커뮤니티가 중요하다 하지만 지속가능한 커뮤니티에 대한 명확한 예시나 방법은 아직 존재하지 않는 것 같다. 특히나 DAO에 대한 구축 방법이라든지, 성공적인 사례는 더더욱 없어 보인다. 커뮤니티를 언급하는 그들이 정말 진정으로 지속가능한 커뮤니티를 운영하고 싶은 건지도 반문하고 싶다. 커뮤니티를 직접 운영하다 보면 정말 상상을 초월하는 스트레스와 업무량에 그만두고 싶어질 때가 한두 번이 아닐 텐데 말이다.

진정한 지속가능한 커뮤니티를 운영하고 싶다면, 리더로서의 강력한 소신이 필요하고, 목표가 필요하고, 이루고 싶은 뜻이 필요하다고 생각한다. 그리고 사람이 모여있는 곳이기 때문에 늘 예상하지 못하는 일들이 찾아온다는 것 또한 미리 인지하고 시작하기를 바란다. 물론 내가 쓴 글들이 정답이 아닐 수 있다. 하지만 그 누구보다 명확한 찐팬 커뮤니티의 지표를 직접 만들어낸 운영자 입장에서 깨달은 소신 있는 내용들이라고 생각한다. 한 치의 거짓과 가식 없이 이 글을 썼다.

그리고 이 책은 내가 혼자 완성한 책이 결코 아니다. 중간중간 이미 봤겠지만, 해리컴티 식구들이 익명 인터뷰에 솔직하게 답변한 내용들이 담기면서 비로소 완성됐다고 생각한다. 아마 이 내용들이 커뮤니티 빌딩을 꿈꾸는 분들에게는 가장 큰 인사이트가 돼줄 것으로 생각한다. 나 또한 해리컴티 식구들의 답변을 하나하나 정독하면서 많은 생각을 하게 됐다. 이 책에 담기지 않은 답변들이 훨씬 더 많이 있다. 덕분에 책을 써 내려가면서 한가지 확신한 것이 있다. '다잘잘'이라는 커뮤니티 목표에 대한 확신이다.

분명 어려운 목표라는 것 또한 잘 안다. 하지만 노력은 해볼 수 있는 것 아닌가? 앞으로도 목표 실현에 진심으로 최선을 다할 것이다. 그리고 '다잘잘'이야 말로 서로를 위하는 찐 커뮤니티의 가장 본질에 가까운 슬로건이라는 생각이 든다.

해리컴티는 이제 시작이라고 생각한다. 아직 성장해야 할 부분도 많이 남아 있고, 이뤄 낼 목표도 많이 남아 있다. 이 책이 해리컴티 긴 여정의 도입 부분에서 첫 번째 기록물이라고 생각한다. 앞으로도 어제보다 조금 더 성장한 커뮤니티가 될 수 있도록 노력할 것이다.

그리고 이 책이 나올 수 있었던 힘은 모두 우리 해리컴티 식구들의 응원과 사랑 덕분이다. 지금까지 나를 믿고 여기까지 함께 걸어와 준 해리컴티 식구들에게 이 모든 감사함을 바치고 싶다.

사람의, 사람에 의한, 사람을 위한 커뮤니티를 운영하라.
그리고 다 함께 잘 먹고 잘살아갈 수 있는 시스템을 만들어라.
그러면 분명 본질에 입각한 지속가능성을 지닌 커뮤니티 운영이 가능해질 것이다.

'커뮤니티 is 휴먼'. 그 자체이다.